Heike Johannes

Theresia Wölker

Arbeitshandbuch Qualitätsmanagement

Mustervorlagen und Checklisten für ein gesetzeskonformes Qualitätsmanagement in der Arztpraxis

Heike Johannes
Theresia Wölker

Arbeitshandbuch Qualitätsmanagement

Mustervorlagen und Checklisten
für ein gesetzeskonformes
Qualitätsmanagement in der Arztpraxis

Mit Arbeitsmaterialien auf CD-ROM

Mit 25 Abbildungen und 9 Tabellen

Springer

Dr. Heike Johannes
Am Schwedengraben 21
57548 Kirchen

Theresia Wölker
Koblenz-Olper-Str. 118
56170 Bendorf/Rhein

ISBN-13 978-3-642-21788-3 Springer-Verlag Berlin Heidelberg New York

Bibliografische Information der Deutschen Nationalbibliothek
Die Deutsche Nationalbibliothek verzeichnet diese Publikation in der Deutschen Nationalbibliografie; detaillierte bibliografische Daten sind im Internet über http://dnb.d-nb.de abrufbar.

Dieses Werk ist urheberrechtlich geschützt. Die dadurch begründeten Rechte, insbesondere die der Übersetzung, des Nachdrucks, des Vortrags, der Entnahme von Abbildungen und Tabellen, der Funksendung, der Mikroverfilmung oder der Vervielfältigung auf anderen Wegen und der Speicherung in Datenverarbeitungsanlagen, bleiben, auch bei nur auszugsweiser Verwertung, vorbehalten. Eine Vervielfältigung dieses Werkes oder von Teilen dieses Werkes ist auch im Einzelfall nur in den Grenzen der gesetzlichen Bestimmungen des Urheberrechtsgesetzes der Bundesrepublik Deutschland vom 9. September 1965 in der jeweils geltenden Fassung zulässig. Sie ist grundsätzlich vergütungspflichtig. Zuwiderhandlungen unterliegen den Strafbestimmungen des Urheberrechtsgesetzes.

SpringerMedizin
Springer-Verlag GmbH
ein Unternehmen von Springer Science+Business Media
springer.de

© Springer-Verlag Berlin Heidelberg 2012

Produkthaftung: Für Angaben über Dosierungsanweisungen und Applikationsformen kann vom Verlag keine Gewähr übernommen werden. Derartige Angaben müssen vom jeweiligen Anwender im Einzelfall anhand anderer Literaturstellen auf ihre Richtigkeit überprüft werden.

Die Wiedergabe von Gebrauchsnamen, Warenbezeichnungen usw. in diesem Werk berechtigt auch ohne besondere Kennzeichnung nicht zu der Annahme, dass solche Namen im Sinne der Warenzeichen- und Markenschutzgesetzgebung als frei zu betrachten wären und daher von jedermann benutzt werden dürften.

Planung: Hinrich Küster, Heidelberg
Projektmanagement: Kerstin Barton, Heidelberg
Lektorat: Anne Borgböhmer, Essen
Einbandgestaltung: deblik Berlin
Einbandabbildungen: Linke und rechte Abbildung: © photos.com
Satz: TypoStudio Tobias Schaedla, Heidelberg
SPIN: 80063284

Gedruckt auf säurefreiem Papier   22/2122 – 5 4 3 2 1 0

Geleitwort

Es gibt zwei Gründe, ein internes Qualitätsmanagement in einer Praxis einzuführen und zu betreiben: zum einen, weil es der Gesetzgeber und in seiner Folge der Gemeinsame Bundesausschuss (G-BA) so vorschreiben, und zum anderen, weil man selbst durch das interne Qualitätsmanagement zu einer besseren Versorgung der Patienten und Bürger und zu einer größeren Berufszufriedenheit kommen möchte, man sich also als Unternehmen, eingebettet in ein Gesundheitssystem, mit Versorgungszielen und Kunden bzw. Patienten versteht.

Qualitätsmanagement ist keine neue Erfindung. Bis Ende der 80er Jahre des vergangenen Jahrhunderts nannte man die qualitätssichernden und -verbessernden Aktivitäten nur nicht »Qualitätsmanagement«. Die seither entwickelten Qualitätsmanagementmodelle und -instrumente können daher, streng genommen, auch nicht der Einführung, sondern der Optimierung eines vorhandenen Managements der Qualität dienen.

Dass es heute Ärzte, Psychotherapeuten oder medizinische Fachangestellte gibt, die den Begriff Qualitätsmanagement scheuen und »nur« ihre Praxis gut führen und ihre Patienten zu deren Besten versorgen wollen, ist in Grenzen nachvollziehbar, weil Qualitätsmanagement inzwischen das »Geschmäckle« einer aufgesetzten Bürokratie bekommen hat, hinter der man sogar einen Selbstzweck vermuten könnte. Das hat auch etwas damit zu tun, dass der G-BA in seiner Qualitätsmanagement-Richtlinie für die vertragsärztliche Versorgung von 2005 vorgeschrieben hat, was er unter Qualitätsmanagement verstehen will. Da ist unter anderem die Rede von Grundelementen und Instrumenten eines einrichtungsinternen Qualitätsmanagements, von Praxismanagement, Patientensicherheit, Teambesprechungen, Beschwerdemanagement, Patientenbefragungen, Umgang mit Fehlern, Ablaufbeschreibungen, Checklisten oder qualitätsbezogener Dokumentation.

Mein Verständnis von Gesetzen und Verordnungen ist, dass sie das in Worte und Regeln gießen, was die Mehrheit der Bevölkerung für richtig erachtet, für dessen Nutzen es Belege gibt und der gesunde Menschenverstand (GMV) es gebietet. So gesehen gibt auch die Richtlinie des G-BA überwiegend das wieder, was Bevölkerung und gesunder Menschenverstand für erforderlich halten. Aus Sicht des G-BA kommt allerdings ein weiterer Aspekt dazu, nämlich die Qualitätssicherung, die Darlegung, dass die Qualität des internen Qualitätsmanagement auch mit den gesetzten Anforderungen übereinstimmt. Es reicht heute nicht mehr aus, gutes Qualitätsmanagement zu betreiben, man muss es auch belegen können.

Das vorliegende »Arbeitshandbuch Qualitätsmanagement« von den Autorinnen Heike Johannes und Theresia Wölker will die Inhaber und Mitarbeiter von Praxen, kurz und prägnant gefasst und mit vielen »Hilfen« versehen, bei der Umsetzung eines internen Qualitätsmanagements unterstützen. Dabei sind an vielen Stellen die großen Erfahrungen der beiden Autorinnen mit der Praxis erkennbar. Und wenn Sie sich nicht helfen lassen wollen, nennen Sie es einfach freiwilliges Lernen von dem bzw. den Guten – eben Benchmarking.

Bei allen genannten Begriffen, Techniken und Werkzeugen des Qualitätsmanagements muss man sich immer wieder vor Augen halten, dass sie nur dazu da sein sollten, den PDCA-Zyklus, den kontinuierlichen Verbesserungsprozess, ins Laufen zu bringen und am Laufen zu halten. Auf eine größere Zahl vollständig durchlaufener Verbesserungsprozesse kann und darf man dann stolz sein, ganz zu schweigen von den erzielten Qualitätsverbesserungen. Die wünsche ich Ihnen.

Prof. Dr. Hans-Konrad Selbmann Im Januar 2011
Universität Tübingen

Vorwort der Autorinnen

Spätestens seit Inkrafttreten des GKV-Modernisierungsgesetzes am 1. Januar 2004 ist Qualitätsmanagement (QM) gesetzliche Verpflichtung für jeden Vertragsarzt. Welchen Anforderungen dieses Qualitätsmanagement genügen soll, hat der Gemeinsame Bundesausschuss in einer Richtlinie definiert (www.g-ba.de/informationen/richtlinien/18). Sie begleitet die an der vertragsärztlichen Versorgung teilnehmenden Ärzte, Psychotherapeuten und Medizinischen Versorgungszentren nunmehr seit Januar 2006 und hat seitdem für viele Diskussionen um Sinn und Unsinn der Maßnahme und der damit verbundenen Aufgabenstellungen geführt.

Wer sich bis dahin noch nicht mit dem Thema beschäftigt hatte, konnte sich spätestens jetzt der Auseinandersetzung damit kaum noch entziehen. In der Zwischenzeit wird kaum noch über das »Ob überhaupt« sondern vielmehr über das »Wie« der Umsetzung diskutiert. Fast jede Praxis hat sich in irgendeiner Form mit dem Thema Qualitätsmanagement beschäftigt – die einen mehr, die anderen weniger überzeugt.

Dank der Unterstützung der Ärzte Zeitung Verlagsgesellschaft konnten wir Arztpraxen schon 2004 mit unserem Arbeitshandbuch »Qualitätsmanagement und IGeL« konkrete Hilfsmittel zur Dokumentation ihres Qualitätsmanagements bereitstellen. Um den Bezug der Mustervorlagen zur Richtlinie klar herauszustellen und dem Anwender die QM-Arbeit weiter zu erleichtern, wurde das Buch 2008 völlig neu überarbeitet und unter dem Titel »Arbeitshandbuch Qualitätsmanagement. Mustervorlagen und Checklisten für ein gesetzeskonformes Qualitätsmanagement« neu aufgelegt. Nahezu 6000 Praxen haben seitdem mit den Inhalten beider Bücher gearbeitet. Ihre Rückmeldungen zeigen uns, dass wir mit dem Angebot den Bedarf an praxisorientierten Materialien getroffen haben.

Das jetzt vorliegende Arbeitshandbuch »Qualitätsmanagement in der Arztpraxis« enthält neben den bewährten Mustervorlagen eine Vielzahl ergänzender Informationen zu QM-relevanten Fragestellungen. Die Bedeutung eines Qualitätsmanagements für den Praxisalltag wird anhand vieler Beispiele aufgegriffen. **Zahlreiche Checklisten dienen als Grundlage für die von der QM-Richtlinie geforderte Selbstbewertung, ein umfangreicher Leitfaden kommentiert die Richtlinie und ihre Bedeutung für die praxisinterne QM-Arbeit.** Das Arbeitshandbuch unterstützt Praxen, die noch am Beginn der Arbeit stehen, beim Aufbau des Qualitätsmanagements. Gleichzeitig gibt es denjenigen, die das Instrument zur Organisationsentwicklung schon länger nutzen, Tipps und Anregungen für die Weiterentwicklung ihrer QM-Arbeit.

Besonders wichtig war uns bei der Zusammenstellung der Informationen die Botschaft, die der Gemeinsame Bundesausschuss gleich an den Anfang seiner Richtlinie gesetzt hat. In § 1 heißt es: »Dabei *[bei der QM-Einführung]* hat der Aufwand **in einem angemessenen Verhältnis**, insbesondere in Bezug auf die personelle und strukturelle Ausstattung, zu **stehen**«.

Das unterstreicht die eigentliche Aufgabenstellung des Qualitätsmanagements: Es geht primär um die zielgerichtete, selbstkritische Auseinandersetzung mit den Qualitätspotenzialen der Einrichtung. Eine unreflektierte Papierproduktion mag im Einzelfall helfen, gesetzliche Anforderungen zumindest vordergründig zu erfüllen. Ein echter Mehrwert für die Praxis und ihre Patienten lässt sich damit jedoch kaum herstellen. Anders ausgedrückt: **Qualitätsmanagement soll der Praxis dienen, nicht umgekehrt!** Und bei sich verändernden Rahmenbedingungen, gut informierten und kritischen Patienten, einer veränderten Anspruchshaltung der Patienten bei gleichzeitig gesunkener Hemmschwelle zur juristischen Auseinandersetzung sowie gestiegenen Anforderungen von Banken und Versicherungen an die Risikoabsicherung gewinnt Qualitätsmanagement zunehmend praktische Bedeutung.

Wir wünschen Ihnen viel Erfolg bei der praxisinternen QM-Arbeit und freuen uns über Anregungen und Kritik zum Arbeitshandbuch.

September 2011   Dr. Heike Johannes, EMail: info@qm-heikejohannes.de
                        Theresia Wölker, EMail: info@theresia-woelker.de

Inhaltsverzeichnis

1	Qualität in der Arztpraxis 1
1.1	Definitionen 2
1.2	Dimensionen des Qualitätsbegriffs 5
1.2.1	Objektive und subjektive Qualität (= Erlebnisqualität) 5
1.2.2	Struktur-, Prozess- und Ergebnisqualität 6
1.2.3	Allgemeine Begriffserläuterungen 8
1.3	Qualitätsmessung 8

2	Qualitätsmanagement in der vertragsärztlichen Versorgung 11
2.1	Hintergründe und Entwicklungen 12
2.2	Qualitätsmanagement in der Arztpraxis – Eine Einführung 12
2.3	Warum ist Qualitätsmanagement in der Arztpraxis notwendig? 13
2.3.1	Gesetzliche Vorgaben 14
2.3.2	Patientensicht und Sicht der Öffentlichkeit 14
2.3.3	Gründe der Haftpflichtprophylaxe und des Risikomanagements 14
2.3.4	Schaffung einer Fehlerkultur 15
2.3.5	Qualitäts-Selbstanspruch der Praxis 17
2.3.6	Unternehmerische Sicht 18
2.3.7	Qualitätsmanagement und Qualitätsindikatoren 18
2.3.8	Gründe der eigenen Zufriedenheit und Lebensqualität 19
2.4	Die G-BA-Richtlinie und ihre Anforderungen an das Qualitätsmanagement 20
2.5	Konzepte und Verfahren zum Aufbau und zur Entwicklung des Qualitätsmanagements 23

3	Das ABC des Qualitätsmanagements 27
	Anrufbeantworter 28
	Arbeitsanweisungen 28
	Arbeitsplatzbeschreibungen 28
	Arbeitsschutz 28
	Audit 29
	Aufbereitung 29
	Aushangpflichtige Bestimmungen 30
	Behandlungspfade 31
	Beschwerdemanagement 31
	Blutentnahmen 31
	Checkliste 31
	Datensicherheit 32

Ergebnisqualität 32
Evidence based medicine 33
Fehlerkultur 34
Gerätesicherheit 34
Haftpflichtprophylaxe 34
Hygiene 35
Interne Regelung 36
Kontinuierlicher Verbesserungsprozess (KVP) 37
Laufzettel 38
Leitbild 38
Materialwirtschaft 38
Medizinische Leitlinien 39
Medizinprodukt 39
Medizinprodukte-Betreiberverordnung (MPBetreibV) 40
Namenskürzel 40
Notfallmanagement 40
Organigramm 41
PDCA-Zyklus 41
Prozessqualität 42
QM-Modelle 42
Qualitätsziele 42
Recall-Aktionen 43
Risikomanagement 44
Stellenbeschreibungen 44
Strukturqualität 45
Teambesprechungen 45
Umfragen 47
Verfahrensanweisungen 49
Werkzeuge 50
Zertifizierung 50

4	Arbeitstechnik mit Checklisten 51

5	Leitfaden zur Umsetzung der QM-Richtlinie 57
5.1	Grundelemente aus dem Bereich der Patientenversorgung 58
5.1.1	Ausrichtung an fachlichen Standards und Leitlinien entsprechend dem Stand der Wissenschaft 58
5.1.2	Patientenorientierung, Patientensicherheit, Patientenmitwirkung, Patienteninformation, Patientenberatung 58
5.1.3	Strukturierung von Behandlungsabläufen 61

5.2	Grundelemente aus dem Bereich Praxisführung/ Mitarbeiter/Organisation	61
5.2.1	Regelung von Verantwortlichkeiten	61
5.2.2	Mitarbeiterorientierung	62
5.2.3	Praxismanagement	64
5.2.4	Gestaltung von Kommunikationsprozessen und Informationsmanagement / Kooperation und Management der Nahtstellen der Versorgung	67
5.2.5	Integration bestehender Qualitätssicherungsmaßnahmen	68
5.3	Selbstbewertung zum Stand und zur Weiterentwicklung des einrichtungsinternen Qualitätsmanagements	68
5.3.1	Vorbereitung der Selbstbewertung	68
5.3.2	Dokumentierte Selbstbewertung	74
5.4	QM leicht gemacht: Schritt für Schritt zum eigenen QM-Handbuch	74
5.4.1	Was habe ich von der CD?	74
5.4.2	Leitfaden zur Entwicklung des praxisinternen Qualitätsmanagements	76
6	**Start ins Qualitätsmanagement**	**87**
6.1	Erfahrungsbericht	88
6.2	Erfolgsfaktoren der praxisinternen QM-Arbeit	89
6.3	Hinweise	90
	Stichwortverzeichnis	**91**

Die Autorinnen

Heike Johannes ist Diplom-Volkswirtin und examinierte Krankenschwester. Sie verfügt über mehrjährige Erfahrung sowohl in der stationären Pflege als auch in der Allgemeinarztpraxis. In einem EDV-Beratungsunternehmen war sie für das Qualitätsmanagement zuständig. Weiterbildung zur Qualitätsmanagerin und Zusatzqualifikation »Ärztliches Qualitätsmanagement« nach dem Curriculum der Bundesärztekammer, EFQM-Assessorin, EOQ-Quality Auditor (DIN EN ISO) und EPA-Visitorin.

Unabhängig von bestimmten QM-Modellen unterstützt die **QM-Beraterin** Einrichtungen des Gesundheitswesens, darunter Arztpraxen, Apotheken und Pflegedienste, bei der Einführung von Qualitätsmanagement und bei anstehenden Zertifizierungsvorbereitungen.

In Zusammenarbeit mit einer radiologischen Gemeinschaftspraxis hat sie ein **Musterhandbuch »Qualitätsmanagement in der Radiologie«** zusammengestellt (CD). Es enthält spezifische Mustervorlagen für die QM-Arbeit in radiologischen Praxen und ist vielfach erprobt. Grundlage sind die Anforderungen der DIN EN ISO 9001.

Für das DRK-Krankenhaus in Hachenburg ist sie als QM-Beauftragte tätig.
www.qm-heikejohannes.de

Heike Johannes

Theresia Wölker ist selbständige Beraterin, Fachreferentin und Autorin im Gesundheitswesen und kennt den Praxis- und Krankenhausalltag als examinierte Krankenschwester von der Pike auf. Sie ist u. a. Auditorin und EFQM-Assessorin, lizenzierte QEP®-Trainerin der KBV und hat die Zusatzqualifikation »Ärztliches Qualitätsmanagement« nach dem Curriculum der Bundesärztekammer.

Theresia Wölker hat mehrere Bücher veröffentlicht und ist langjährige Kolumnistin der **Ärzte-Zeitung**. Von ihren ersten Veröffentlichungen ist vor allem das Buch **»Checklisten für die Arztpraxis«** bekannt geworden. **1996** Gründung »Der Arzt & sein Team« und »Die GesundheitsProfis« mit Gerd Thomas, Bad Homburg (Durchführung von Kongressen und Projekten im Gesundheitsbereich).

Das **»Arbeitshandbuch Qualitätsmanagement«** in der gemeinsamen Autorenschaft mit Dr. Heike Johannes wurde von der Stiftung Gesundheit in Hamburg zertifiziert.

Ihr neues Buch **»Praxis-Yoga«** befasst sich mit dem betrieblichen Gesundheitsmanagement und *Aktiven Pausen* für den Arzt und seine Mitarbeiter in Klinik und Praxis.
www.theresia-woelker.de

Theresia Wölker

Qualität in der Arztpraxis

1.1 Definitionen – 2

1.2 Dimensionen des Qualitätsbegriffs – 5

1.3 Qualitätsmessung – 8

1.1 Definitionen

Qualität gehört zu den Begriffen, über deren Bedeutung sich trefflich streiten lässt. Jeder kann etwas dazu beitragen und in der Diskussion wird in der Regel sehr schnell deutlich, dass die Kategorien »richtig« oder »falsch« hier nur eingeschränkt anwendbar sind. Auf die Frage »Wann hat ein Brot eine gute Qualität?« werden Sie von allen Befragten sehr unterschiedliche Antworten bekommen:

Weich oder knusprig, schwarz oder weiß, mit oder ohne Körner, Weiß- oder Vollkornmehl sind sehr gegensätzliche Eigenschaften, die dennoch als gleichwertige Qualitätsanforderungen nebeneinander stehen. Anders sieht dies bei allgemein akzeptierten Standards aus. So stimmen vermutlich alle in der Erwartung überein, dass das Mehl nicht verseucht, der Teig nicht verunreinigt, das fertige Brot nicht verbrannt ist. Die Reihe ließe sich fortsetzen.

Schon dieses banale Beispiel zeigt: Bevor wir uns mit dem Thema Qualitätsmanagement auseinandersetzen, sollte der Begriff Qualität geklärt sein.

Nach einer Definition der Kassenärztlichen Bundesvereinigung (siehe hierzu auch Abb. 1.1) ist Qualität

> » die Summe der nachweisbaren Eigenschaften, Merkmale und Merkmalswerte einer Praxis. Diese Eigenschaften müssen geeignet sein, um die Anforderungen der Interessengruppen zu erfüllen. «

Von 1997 stammt die folgende Definition der Bundesärztekammer (siehe hierzu auch Abb. 1.2):

> » Gute Qualität im Gesundheitswesen heißt: Das erreichbare Ziel wird erreicht, unnötiges Risiko wird vermieden, unnötiger Aufwand wird vermieden. «

Die Antworten auf die in den Abbildungen 1.1 und 1.2 gestellten Fragen werden vermutlich sehr vielfältig ausgefallen sein. Und auch hier wird sehr schnell deutlich: Vieles ist eine Frage des Standpunktes und keinesfalls eindeutig zu beantworten. Qualität ist kaum jemals absolut, sondern immer nur relativ – in Bezug auf die konkreten Anforderungen – zu definieren.

Hieran knüpft die internationale Norm DIN EN ISO 9000 an, in der die Grundlagen für Qualitätsmanagementsysteme beschrieben und die zugehörigen Begrifflichkeiten festgelegt werden.

Demnach bezeichnet Qualität ganz allgemein – wie von der KBV aufgegriffen – den Grad, in dem die Gesamtheit von Eigenschaften und Merkmalen eines Produktes (oder einer Dienstleistung) Anforderungen erfüllt. Dabei wird der Begriff »Anforderungen« verstanden als die

- von den unterschiedlichen interessierten Parteien festgelegten,
- üblicherweise vorausgesetzten oder
- verpflichtenden Erfordernisse und Erwartungen.

Die Frage nach guter Qualität wird mithin unmittelbar an die Frage geknüpft, inwieweit das Produkt (die Dienstleistung) die Erfordernisse und Erwartungen der unterschiedlichen Interessenträger erfüllt (als Beispiel hierfür Abb. 1.3).

Für eine weitere Annäherung an den Qualitätsbegriff im Hinblick auf die Arztpraxis eignen sich daher zum Beispiel die folgenden Fragestellungen:

- Welche Leistungen bietet die Praxis an?
- Welche fachlichen Anforderungen werden an die Leistung gestellt und an diejenigen, die diese Leistung erbringen?
- Welche Erwartungen hat der Empfänger der Leistung?
- Was wird bei der Leistungserbringung üblicherweise vorausgesetzt?
- Welchen gesetzlichen und sonstigen Vorschriften unterliegt die Leistungserbringung?
- Welche internen Erwartungen und Ziele sind mit der Praxistätigkeit verbunden?
- Wer ist darüber hinaus an dem Ergebnis der Leistungserbringung interessiert?

1.1 · Definitionen

Übung:

Diskutieren Sie den Inhalt der KBV-Definition in Ihrem Praxisteam. Orientieren Sie sich dabei an den folgenden Fragestellungen:

Welche nachweisbaren Eigenschaften hat Ihre Praxis (z. B. ländliches Umfeld, Größe)?

☐ .... ☐ ....
☐ .... ☐ ....
☐ .... ☐ ....

Was sind die spezifischen Merkmale Ihrer Praxis (z. B. Facharztpraxis, Terminpraxis)?

☐ .... ☐ ....
☐ .... ☐ ....
☐ .... ☐ ....

Welche Merkmalswerte beschreiben Ihre Praxis (z. B. Internist, Wartezeit auf Termin / in der Praxis)?

☐ .... ☐ ....
☐ .... ☐ ....
☐ .... ☐ ....

Welchen Interessengruppen steht Ihre Arztpraxis gegenüber?

☐ .... ☐ ....
☐ .... ☐ ....
☐ .... ☐ ....

Welche Anforderungen haben diese Interessengruppen an die aufgeführten Eigenschaften, Merkmale und Merkmalswerte?

☐ .... ☐ ....
☐ .... ☐ ....
☐ .... ☐ ....

Abb. 1.1 Qualität – Definition der Kassenärztlichen Bundesvereinigung

Übung:

Diskutieren Sie auch diese Definition in Ihrem Praxisteam, zum Beispiel anhand der folgenden Fragestellungen:

Was sind die Ziele der Patientenversorgung in Ihrer Praxis?

☐ .... ☐ ....
☐ .... ☐ ....
☐ .... ☐ ....

Wovon hängt die Erreichbarkeit diese Ziele ab?

☐ .... ☐ ....
☐ .... ☐ ....
☐ .... ☐ ....

Wo entstehen Risiken in der Patientenversorgung?

☐ .... ☐ ....
☐ .... ☐ ....
☐ .... ☐ ....

Welche Maßnahmen zur Risikovermeidung setzen Sie um?

☐ .... ☐ ....
☐ .... ☐ ....
☐ .... ☐ ....

Wodurch entsteht unnötiger Aufwand?

☐ .... ☐ ....
☐ .... ☐ ....
☐ .... ☐ ....

Abb. 1.2 Qualität – Definition der Bundesärztekammer

1.2 · Dimensionen des Qualitätsbegriffs

Einstieg/Übung:
Was macht für Sie die Qualität einer Flugreise aus?

☐ .... ☐ ....
☐ .... ☐ ....
☐ .... ☐ ....
☐ .... ☐ ....
☐ .... ☐ ....

Abb. 1.3 Qualität einer Flugreise

1.2 Dimensionen des Qualitätsbegriffs

1.2.1 Objektive und subjektive Qualität (= Erlebnisqualität)

Schon das »Brotbeispiel« hat gezeigt, dass die objektive Qualität von der subjektiven Qualität (»Erlebnisqualität«) zu unterscheiden ist. Objektiv feststellbar ist, ob das Brot verbrannt ist oder nicht. Sehr subjektiv sind die Geschmacksfaktoren (weich, knusprig etc.).

Im Praxisbereich kennen wir objektive Qualität zum Beispiel in Form der Leistungsmessung aus den bekannten Vorgaben im Labor- und Röntgenbereich. Sie basiert auf definierten Messkriterien (▶ Kap. 1.3).

Über die subjektive Qualität entscheidet der Einzelne in Abhängigkeit von seinem Qualitätsanspruch (Abb. 1.4).

In der Arztpraxis erlebt ein **Patient** vor allem gefühlsmäßig und unmittelbar Erlebnisqualität, z. B. bei der Begrüßung und bei der Aufnahme seiner Personalien, bei der Linderung seiner Schmerzen oder Heilung seiner Krankheit. Aus seiner Sicht sind oftmals die subjektiv wahrgenommenen Qualitätsfaktoren Maßstab für die Zufriedenheit mit der Praxisleistung, unter anderem
- die persönliche Kompetenz (kommunikative und fachliche Fähigkeiten des gesamten Praxisteams),
- die Erreichbarkeit,
- das Engagement des Praxisteams,
- die Präsentation von Service,
- die Abwicklung von Patientenwünschen.

> **Exkurs: Erlebnisqualität und ihre Chancen**
>
> Gerade im Hinblick auf die Erlebnisqualität ergeben sich für die Praxis Möglichkeiten, und erfolgreiche QM-Strategien zur Patientenbindung sind vielfältig. Prüfen Sie Ihr Angebot und erweitern Sie es durch regelmäßige Ideenfindung in Teambesprechungen. Beispiele für Patientenbindungsmaßnahmen:
> - Exzellenter Service
> - Praxis-Seminare
> - Termin-Vermittlung
> - Beratungs- und Verhaltensrezepte
> - Außergewöhnlicher Empfang
> - Besondere »Wohlfühl-Faktoren«
> - Leitlinien/Slogan
> - Persönliche Visitenkarten
> - Namen kennen – Namen nennen
> - Recall-Angebote (telef., Fax, E-Mail, SMS)
> - Sprachkenntnisse bewerben
> - Praxis-Zeitung
> - Info-Center, Gesundheits-Center
> - Besondere Sprechzeiten
> - Telefon-Sprechstunde
> - Weitere Punkte zur Patientenbindung: …

Die subjektive Qualität ist jedoch nicht nur in Bezug auf die Patienten ein wichtiger Aspekt der Praxistätigkeit (siehe hierzu auch Abb. 1.5). Für den **Arzt** als Praxismanager bedeutet Qualität u. a. das Erreichen

> **Übung: Was unsere Patienten erwarten**
>
> (Ergänzen Sie die Liste gemeinsam mit dem Praxisteam)
>
> — Fachliche Kompetenz
> — Freundlichkeit des Praxisteams
> — ...
> — ...
> — ...
> — ...
> — ...
> — ...

Abb. 1.4 Erwartungsanspruch der Patienten

seiner wirtschaftlichen Ziele bei deutlich veränderten Rahmenbedingungen und knappen Ressourcen.

Für die **Praxismitarbeiterin**[1] misst sich Qualität auch an der Zufriedenheit mit der internen Kommunikation, an der Klarheit bei der Aufgabenverteilung und der Zuständigkeitsregelung, aber auch an menschlichen Faktoren (Lob und Anerkennung, Aufstiegsmöglichkeiten, Zielorientierung, betriebliche Kommunikation in Team- und Einzelgesprächen, Krisen- und Konfliktmanagement).

1.2.2 Struktur-, Prozess- und Ergebnisqualität

Die Einteilung in **Strukturqualität** (dazu gehören z. B. die Kompetenz, Qualifikation und Weiterbildung der Praxismitarbeiterinnen, aber auch der Organisationsaufbau, die Praxisausstattung und die finanziellen Mittel der Praxis), in **Prozessqualität** (das sind alle Maßnahmen und Aktivitäten »rund um den Patienten«) und in **Ergebnisqualität** (das ist z. B. die Heilung oder Besserung, also die Veränderung im Gesundheitszustand des Patienten, aber auch der Grad der Patientenzufriedenheit) vereinfacht und ordnet alle Aktionen und Maßnahmen bei der Einführung von Qualitätsmanagement (Tab. 1.1; ▶ Kap. 3).

---

[1] Aufgrund des überwiegenden Anteils weiblicher Praxismitarbeiter wird im Folgenden der Einfachheit halber in der Regel von »Praxismitarbeiterinnen« gesprochen.

Tab. 1.1 Beispiele für Qualität in der Arztpraxis

Strukturqualität	+ Prozessqualität	= Ergebnisqualität
Ausstattung Apparate Räumlichkeiten Qualifikation des Teams Finanzielle Mittel Vorhandensein von Standards	Korrekte Diagnostik Effektivität der Abläufe Verfügbarkeit von Akten Organisationsablauf Arbeiten nach Standards Beschwerdemanagement	Vermeidbare Komplikationen Patientenzufriedenheit Heilungsdauer und Erfolg Sicherheit der Diagnose Lebensqualität Wartezeiten
Rahmenbedingungen	+ Handlungsabläufe	= Behandlungsresultat

1.2 · Dimensionen des Qualitätsbegriffs

Übung: Was ist Qualität in der Arztpraxis ...

Diskutieren Sie auch diese Definition in Ihrem Praxisteam, zum Beispiel anhand der folgenden Fragestellungen:

... aus Sicht der Überweiser?

☐ .... ☐ ....
☐ .... ☐ ....
☐ .... ☐ ....

... aus Sicht der Praxisleitung?

☐ .... ☐ ....
☐ .... ☐ ....
☐ .... ☐ ....

... aus Sicht der Mitarbeiterinnen?

☐ .... ☐ ....
☐ .... ☐ ....
☐ .... ☐ ....

... aus Sicht der Kostenträger?

☐ .... ☐ ....
☐ .... ☐ ....
☐ .... ☐ ....

... aus Sicht ....

☐ .... ☐ ....
☐ .... ☐ ....
☐ .... ☐ ....

Abb. 1.5 Qualität aus verschiedenen Blickwinkeln

Qualität ...

- erlebter Service
- Wertschätzung
- Kostentransparenz
- fachliche Kompetenz
- Vertrauen
- Wartezeit
- Behandlungs-/ Beratungsergebnis
- Atmosphäre
- Kommunikation
- Einbezug / Mitsprache
- Professionalität
- Fehlerfreiheit
- Seriosität
- Organisatorischer Ablauf
- ....

→ Qualitätsmanagement

Abb. 1.6 Qualität als Managementaufgabe

Die Gesamtqualität ergibt sich aus den unterschiedlichen Dimensionen:
- Strukturqualität
- Prozessqualität
- Ergebnisqualität

und umfasst sowohl die objektiven (messbaren) als auch die subjektiv wahrgenommenen Aspekte (Abb. 1.6).

1.2.3 Allgemeine Begriffserläuterungen

Qualität hat viel mit dem Erreichen von Erwartungen und vorher festgesetzten Zielen zu tun. Durch zwei Fragen zur eigenen Einschätzung erhält man das Selbstbild, den Status quo der Praxis:
- Wo stehen wir heute? Wo liegen Stärken und Verbesserungsmöglichkeiten? (IST-Zustand)
- Was wollen wir erreichen? (SOLL Ergebnis)

> **Man könnte also sagen:**
> **Qualität ist der Vergleich zwischen den Zielen und dem Grad der Zielerreichung unter Berücksichtigung des Möglichen.**

- **Weitere Beschreibungen des Begriffes »Qualität«:**
- Qualität ist kein Zufall, sondern das Produkt einer Arbeit.
- Qualität ist eine Aufgabe, die sich jedem von uns Tag für Tag aufs Neue stellt. Dabei kann jeder an seinem Arbeitsplatz dazu beitragen, die Leistungsqualität weiterhin zu verbessern.
- Qualität zu liefern ist eine innere Einstellung, eine Philosophie mit der Bereitschaft, seine Arbeit und sein Verhalten zu reflektieren oder reflektieren zu lassen.
- Qualität bedeutet, nicht nur gut zu sein, sondern eine ständige Verbesserung anzustreben.
- Qualität ist das Erreichte im Verbundensein zum Machbaren und mit Bezug auf das Wünschenswerte.
- Qualität ist die systematische Dokumentation und Nachweisbarkeit der geleisteten Arbeit.
- Qualität ist, gewöhnliche Arbeit ungewöhnlich gut zu machen, oder auch »Sorgfalt im Detail«.
- Qualität ist die beste aller möglichen Lösungen.
- Qualität ist die möglichst fehlerfreie Ausführung eines Prozesses oder einer Dienstleistung.
- Qualität ist der Grad der Erfüllung vorher festgelegter Ziele.

1.3 Qualitätsmessung

Qualität aus der Patientensicht sieht oft anders aus als aus der Sicht des Arztes und der Arzthelferin.

Qualitätserleben ist häufig emotional gesteuert. Zur Qualitätssicherung sind daher neben dem Erfassen der Patientenzufriedenheit auch harte Fakten wie Zahlen, Daten und Messungen notwendig.

> **Beispiel:**
> Sie bringen Ihr Auto zum Ölwechsel, und das Qualitätsabenteuer beginnt. Der Angestellte begrüßt Sie und sagt, dass Ihr Auto in 15 Minuten fertig sein wird.
> Während Sie warten, denken Sie darüber nach, welche Mängel noch am Auto gefunden werden, wie viel das Ganze kosten wird, ob auch nichts übersehen wird, ob die Entscheidung gerade für diese Werkstatt richtig war usw.
> Möglicherweise haben Sie sich entschlossen, den Wagen genau in diesen Betrieb zu bringen, weil Sie die Autowerkstatt schon seit Jahren kennen, weil Sie Gutes über sie gehört haben und weil die Leute sagen, es sei eine Qualitätswerkstatt. Die von Ihnen unmittelbar erlebte Kundenorientierung ist die gute oder schlechte subjektive Qualität.
> Auf die objektive Qualität hoffen Sie: Dass der Mechaniker gut ausgebildet ist, dass er weiß, wie er den Ölwechsel an einem Auto dieser Marke durchzuführen hat, dass er seine Arbeit richtig macht – kurz, dass er die Arbeiten nach Qualitätsnormen systematisch und nachprüfbar durchführt.
> Vielleicht händigt man Ihnen nach dem Ölwechsel eine Checkliste aus, in der alle an Ihrem Auto vorgenommenen Arbeiten eingetragen sind, und danach gehen Sie erst an die Kasse.
> Beim Verlassen des Betriebes sehen Sie ein Gütesiegel »zertifiziert DIN EN ISO 9001«. Sie haben das positive Gefühl, dass Sie gute Qualität erlebt haben. Aber nicht, weil es die Autowerkstatt von sich selbst behauptet hat oder weil auf einem Schild ein offizieller Qualitätsstempel zu lesen war, sondern weil Sie subjektiv (gefühlsmäßig) und objektiv (überprüfbar und messbar) gute Qualität erlebt haben.

Die objektive Qualität wird nach Standards und vorher definierten Kriterien gemessen. Schwieriger ist das Messen der subjektiven Qualität, da die Qualitätsbeurteilung durch den Patienten durch sein individuelles Erwartungs- und Anspruchsniveau geprägt ist. Trotzdem lässt sich auch dieser Bereich beispielsweise durch Befragungen messen.

> **Einstieg in die Qualitätsmessung**
> Für den Einstieg in das Thema Qualitätsmessung ist eine **Selbstbewertung** hilfreich (▶ Kap. 5.3):
> - Der Arzt als Manager der Praxis erstellt eine Checkliste: Wann sehe ich meine Praxis unter Qualitätsaspekten als erfolgreich an?
> - Die Arzthelferinnen listen alle Punkte auf, die aus ihrer Sicht eine Arztpraxis erfolgreich machen!
> - Vergleichen Sie die Ergebnisse mit einer angekündigten, zeitlich begrenzten Patientenbefragung, in der Ihre Patienten bewerten, wann für sie ein Praxisbesuch erfolgreich ist und was sie unter Qualität in Ihrer Arztpraxis verstehen!

Aus den Ergebnissen lassen sich hilfreiche Qualitätsindikatoren (▶ Kap. 2.3.7) ableiten, mit denen die Versorgungsqualität im Sinne der QM-Richtlinie (▶ Kap. 2.4) transparent dargestellt werden kann. Ergänzend können Daten hinzugezogen werden, die zum Beispiel im Rahmen von Qualitätssicherungsmaßnahmen genutzt werden, etwa die DMP-Daten.

Durch das **Einbeziehen Dritter** (z. B. durch Meinungsaustausch mit den Arztheferinnen, durch Befragungen von Pharmareferenten und Überweisern, durch Patienten-Interviews und Fragebogenaktionen) erhält man ein Fremdbild (Wie werden wir gesehen? Wie beurteilt man unsere Qualität?) und kann darauf aufbauend die zukünftigen Qualitätsziele (Wie möchten wir gesehen werden?) festlegen.

> **Beispiele für Qualitätsindikatoren:**
> - Spezifische Diagnosezeitfenster, z. B. bei Appendizitis
> - DMP-Einschreibungsquote
> - Medizinische Daten aus den DMP
> - Diagnostische Treffsicherheit, z. B. in der Radiologie
> - Anzahl Einweisungen bei »Drehtürpatienten«
> ▼

- Daten der externen Qualitätssicherung, z. B. bildgebende Verfahren
- Anzahl Überweisungen pro Fachrichtung
- Impfraten
- Kosten verfallender Arzneimittel/Impfstoffe
- Wartezeiten
- Befragungsergebnisse (Patienten, Mitarbeiter, Zuweiser)
- Durchschnittliche Dauer der Beschwerdebearbeitung
- Anzahl abgeschlossener Recall-Vereinbarungen
- Zeitdauer bis zur Befundübermittlung
- Stand der Einführung und Entwicklung des Qualitätsmanagements gem. Ergebnis der Selbstbewertung

Die Wertung der Messergebnisse erfolgt auf der Grundlage der zuvor definierten Zielvorgaben (▶ Kap. 3, Qualitätsziele).

Die Themen Qualität, Qualitätsmessung und Umgang mit den Messergebnissen markieren die wesentlichen Eckpunkte im Qualitätsmanagement.

Was bedeutet nun Qualitätsmanagement?

Die Gesamtheit aller Maßnahmen in der Arztpraxis, mit der systematisch die Unterschiede zwischen den angestrebten Zielen und Erwartungen (SOLL) auf der einen Seiten und den tatsächlich erreichten Leistungsresultaten (IST) auf der anderen Seite aufgezeigt, die Gründe und Ursachen dafür analysiert und Verbesserungen eingeleitet werden, nennt man Qualitätsmanagement.

Qualitätsmanagement in der vertragsärztlichen Versorgung

2.1 Hintergründe und Entwicklungen – 12

2.2 Qualitätsmanagement in der Arztpraxis – Eine Einführung – 12

2.3 Warum ist Qualitätsmanagement in der Arztpraxis notwendig? – 13

2.4 Die G-BA-Richtlinie und ihre Anforderungen an das Qualitätsmanagement – 20

2.5 Konzepte und Verfahren zum Aufbau und zur Entwicklung des Qualitätsmanagements – 23

2.1 Hintergründe und Entwicklungen

Schon immer bestand für den niedergelassenen Arzt die berufsrechtliche Verpflichtung zur Qualitätssicherung in der Medizin. Qualitätsmanagement (QM) in der Arztpraxis ist nichts Neues, nur wurde der Begriff bislang nicht benutzt.

Von der Definition her geht es bei der Qualitätssicherung darum, ein hohes Niveau zu halten (z. B. bei der Hygiene oder bei der Durchführung einer Mammographie) und Gutes zu sichern. Qualitätsmanagement hat das Ziel, die Qualität kontinuierlich zu verbessern, Fehler zu analysieren, daraus zu lernen, eine Null-Fehler-Philosophie anzustreben und Gutes weiterzuentwickeln.

Wesentliche Meilensteine der QM-Geschichte im Gesundheitswesen sind
- der Beschluss der 72. Gesundheitsministerkonferenz Trier aus dem Jahr 1999,
- das GKV-Gesundheitsreformgesetz 2000 sowie
- das GKV-Modernisierungsgesetz 2004 (hier insbesondere § 135a Abs. 2 SGB V),
- die G-BA-Richtlinie zu den Anforderungen an ein einrichtungsinternes Qualitätsmanagement in der vertragsärztlichen Versorgung von 2006 und
- die G-BA-Richtlinie zur einrichtungs- und sektorenübergreifenden Qualitätssicherung aus dem Jahr 2010.

In den Verträgen zur hausarztzentrierten Versorgung nach § 73b SGB V wird gefordert, dass die teilnehmenden Arztpraxen ein anerkanntes QM-System eingeführt haben müssen. Gleiches gilt für die Facharztverträge nach § 73c SGB V.

Die Entwicklung integrativer Versorgungskonzepte nach § 140a SGB V macht die Etablierung von ärztlichem Qualitätsmanagement notwendig. Und auch bei Einzelverträgen sind vereinbarte Qualitätsstandards die notwendige Grundlage.

Der frühere Bundesausschuss der Ärzte und Krankenkassen und der Koordinierungsausschuss wurden – zusammen mit weiteren Ausschüssen – zum Gemeinsamen Bundesausschuss (G-BA; www.g-ba.de) zusammengelegt, der auch die Einzelheiten, z. B. beim QM, regelt und die QM-Richtlinie zum 1. Januar 2006 verabschiedet hat.

Da Standards und Leitlinien zunehmend justiziabel werden, ist – als Zusatznutzen – Qualitätsmanagement ein wichtiger Bestandteil des Risikomanagements. Es hilft der Praxisleitung im Sinne einer Haftpflichtprophylaxe (▶ Kap. 3) durch gerichtsfeste Dokumentation, Kompetenznachweis und nachgewiesene Messqualität durch Zahlen, Daten und Fakten. Qualitätsmanagement hat als Kernphilosophie den Ansatz der kontinuierlichen Verbesserung, auch im Sinne einer zu entwickelnden Fehlerkultur (»aus Fehlern lernen«).

Die Grundprinzipien – ganz gleich, welches Modell zugrunde liegt – sind im Wesentlichen:
- Der Patient soll sich auf eine zugesicherte Leistungsqualität mit optimalen Behandlungsergebnissen verlassen können.
- Die Leistungserbringer (in diesem Fall Praxen und Krankenhäuser) sollen ihre Prozesse rationell, qualitäts- und patientenorientiert sowie mitarbeiterfreundlich gestalten.
- Patienten und Krankenkassen sollen durch die Qualitätsdarlegung die geforderte Transparenz und Qualitätssicherung der ärztlichen Leistungen erhalten.

> Einfacher ausgedrückt bedeutet ein Qualitätsmanagement-System in der Arztpraxis,
> - dass die tägliche Arbeit so sinnvoll wie möglich gestaltet und
> - mit dem vorhandenen Personal das Optimum an Ergebnisqualität erreicht wird
> - und dies auch gemessen und dargelegt werden kann.

2.2 Qualitätsmanagement in der Arztpraxis – Eine Einführung

- **Was haben Ärzte und Piloten gemeinsam?**
- Beide tragen Verantwortung für menschliches Leben.
- Beide können Qualität und Sicherheit nicht dem Zufall überlassen.

Und genau darum geht es im Qualitätsmanagement (QM):

Handlungsabläufe – auch in einer Praxis – sollen sinnvoll geplant und systematisch ausgeführt werden. »Das haben wir doch schon immer so gemacht« wird der eine oder andere sagen. Richtig! QM ist nur ein anderer Begriff für bekannte und gut funktionierende Organisationsstrukturen in einer Arztpraxis.

Qualitätsmanagement ist kein Zauberwerk: Es steht für eine gute Organisation, den Einsatz des gesunden Menschenverstandes – kurz für die Tatsache, dass es klug und richtig ist, wenn mit Standards gearbeitet wird, soweit das möglich ist.

- **Prinzip der Schriftlichkeit**

Im Rahmen des Qualitätsmanagements gilt, dass die Organisationsabläufe nicht nur planmäßig vorbereitet und zielgerecht durchgeführt, sondern auch aufgeschrieben, also dokumentiert und damit nachvollziehbar sein sollten.

- **Qualitätsmanagement-System**

Das Wort »System« beim Qualitätsmanagement meint, dass Qualität nicht dem Zufall überlassen wird: Es geht um professionelles Arbeiten, wobei alle Prozesse klar geregelt und Zuständigkeiten sowie Verantwortlichkeiten definitiv festgelegt sind. Es geht auch darum, rasch Ursachen für Unzufriedenheit, Fehler und Ärgernisse festzustellen und Korrekturmaßnahmen zu ergreifen.

> Die Bereitschaft, bisher Gewohntes in Frage zu stellen, vielleicht anders oder gar besser zu machen, gehört ebenso zum QM wie die Erkenntnis:
> Als Menschen machen wir Fehler, und wir müssen Fehler erkennen und sie beheben. Dazu brauchen wir nicht nur in Flugzeugen, sondern auch in Arztpraxen eindeutige Vorgehensweisen und Instrumente wie Checklisten und Formblätter, um Qualitätsziele, d.h. einen definierten Qualitätsgrad, in der Praxisorganisation zu erreichen.

- **Beispiel:**

In einer Arztpraxis werden von medizinischen Fachangestellten Lungenfunktionsprüfungen durchgeführt. Erst bei einer Teambesprechung wird deutlich, dass je nach MFA die Untersuchung sehr unterschiedlich ausgeführt wird. Das entspricht nicht der Zielvorstellung der Praxisführung.

Was fehlt? Ein abgestimmtes Vorgehen, eine schriftliche Arbeitsanweisung und eine themenzentrierte Arbeitsbesprechung, die sicherstellt, dass alle Mitarbeiterinnen die Lungenfunktionsprüfungen nach den gleichen Vorgaben der Praxisleitung durchführen.

Konkret heißt dies: QM stellt sicher, dass mit bestimmten Instrumenten und Arbeitstechniken vorgeschriebene und selbst gewählte Standards eingehalten und somit Qualität gesichert wird.

- **Aber:**

QM ist kein Allheilmittel für die Bewältigung aller Probleme in der Praxis. Es ist jedoch eine Methode, um Qualitätsziele dauerhaft zu erreichen und einen kontinuierlichen Verbesserungsprozess in Gang zu halten. QM ist also ein Weg zu mehr Effizienz in der Praxis, zur Festschreibung von Standards, zur Vereinfachung der Praxisführung und zur Verbesserung des Patientenservice.

Schlussendlich hilft eine vernünftige und angemessene QM-Dokumentation zu gerichtsverwertbaren Qualitätsdaten im Haftungsfall – ein nicht unerheblicher Nebeneffekt im Sinne der Sorgfaltspflicht und Risikovermeidung.

2.3 Warum ist Qualitätsmanagement in der Arztpraxis notwendig?

> **Beginnen wir mit einer Geschichte:**
>
> Es waren vier Leute in einem Team namens Jedermann, Jemand, Irgendwer und Niemand. Es musste eine dringende Aufgabe erledigt werden, und Jedermann wurde gebeten, es zu tun.
>
> Jedermann war sicher, dass es Jemand machen würde.
>
> Irgendwer hätte es tun können, aber Niemand tat es.
>
> Jemand wurde wütend, weil es Jedermanns Pflicht gewesen wäre.
>
> Jedermann dachte, dass es Irgendwer machen würde.
>
> Aber Niemand bemerkte, dass sich nicht Jedermann darum kümmern würde.
>
> Es endete damit, dass Jedermann Irgendwen beschimpfte, weil Niemand tat, was Jedermann hätte tun können.

Rückschlüsse und Verbindungen zu Praxissituationen sind durchaus erlaubt. Wenn nicht das Chaos regieren soll, braucht ein Arbeitsteam klare Vorgaben und Ziele, eindeutige Zuständigkeitsbereiche und Strukturen, die eine sinnvolle, ergebnis- und zielorientierte Arbeitsweise möglich machen. Im Gesundheitswesen wiegen Fehler besonders schwer.

2.3.1 Gesetzliche Vorgaben

Seit 1. Januar 2004 sind Vertragsarztpraxen aller Fachgruppen und Größen nach dem Sozialgesetzbuch V (SGB V) verpflichtet, ein Qualitätsmanagement einzuführen und weiterzuentwickeln: In § 135a Abs. 2 SGB V heißt es:

> » Vertragsärzte sind verpflichtet, sich an einrichtungsübergreifenden Maßnahmen der Qualitätssicherung zu beteiligen, die insbesondere zum Ziel haben, die Ergebnisqualität zu verbessern und einrichtungsintern ein Qualitätsmanagement einzuführen und weiterzuentwickeln. «

Diese Verpflichtung hat der Gemeinsame Bundesausschuss (G-BA) in der Richtlinie zu den Anforderungen an das Qualitätsmanagement in Arztpraxen konkretisiert. Sie benennt die Grundelemente und Instrumente eines einrichtungsinternen Qualitätsmanagements (▶ Kap. 2.4).

Da die Richtlinie weder ein bestimmtes QM-Modell noch eine Zertifizierung vorschreibt, macht es für Arztpraxen Sinn, sich – unabhängig von einem bestimmten Verfahren – beim Aufbau der QM-Strukturen an den Vorgaben der Richtlinie zu orientieren (▶ Kap. 5).

2.3.2 Patientensicht und Sicht der Öffentlichkeit

Patienten sind kritischer und qualitätsorientierter geworden; sie hinterfragen häufiger und intensiver Leistungen und Ergebnisse. Sie orientieren sich dabei auch an im Internet veröffentlichten Leitlinien.

In Selbsthilfegruppen, Patientenschutzverbänden und Verbraucherzentralen finden Patienten zudem Checklisten, Hinweise und praktische Tipps, welche Qualität sie beim Arztbesuch erwarten können.

Qualitätsmanagement zielt darauf, die Versorgungsqualität auf einem möglichst hohen Niveau zu halten und weiterzuentwickeln. Es trägt so mit dazu bei, das Vertrauen in die Leistungsfähigkeit der Praxis zu festigen.

Nicht wenige Praxen machen schon heute im Internet und in ihren Praxisprospekten vom Marketingeffekt des Qualitätsmanagement-Nachweises Gebrauch. Beispielsweise können Praxen in der Datenbank der Stiftung Gesundheit (www.arztauskunft.de) durch ein Symbol angeben, dass sie Qualitätsmanagement in ihrer Praxis betreiben.

2.3.3 Gründe der Haftpflichtprophylaxe und des Risikomanagements

Der rechtliche Rahmen des Qualitätsmanagements umfasst:
- **Vertragsrecht** – z. B. Richtlinien des Gemeinsamen Bundesausschusses, Verträge auf der Grundlage des SGB V etc.;
- **Haftungsrecht** – das aus Sicht des Patienten bei Nichtbeachtung der erforderlichen Sorgfalt Schadenersatzansprüche im Fehlerfalle begründet;
- **Sozialrecht** – das im Bereich der GKV Anforderungen an Produkte und Dienstleistungen definiert und gleichzeitig Leistungsansprüche durch Versicherte begründet;
- **Berufsrecht** – mit u. a. der Verpflichtung zur gewissenhaften Versorgung mit geeigneten Untersuchungs- und Behandlungsmethoden, Fortbildungsverpflichtung, Verpflichtung zur Qualitätssicherung etc.

Mit QM-Maßnahmen hat die Arztpraxis eine sichere Strategie zur Optimierung von Teamarbeit und damit zur Fehlervermeidung. Schon aus forensischen Gründen ist der Erhalt des qualitätsgesicherten Leistungsniveaus – nicht nur bei der Beherrschung von Notsituationen – durch Standardverfahren notwendig.

Im Übrigen müssen auch die Inhaber von Arztpraxen die Folgen des Produkthaftungsgesetzes von 1990 (mit der Neuerung der Beweislastumkehr) beachten. Neben der Produkthaftung nehmen auch die Anforderungen an die Gewährleistung sowie Fehlerfolgen mit Auswirkungen auf die Wertschöpfung immer mehr zu.

Vorbeugende Maßnahmen bei der Praxisorganisation, der Prozessentwicklung und -überprüfung, der Dokumentation und Nachweisführung sind ebenso

2.3 · Warum ist Qualitätsmanagement in der Arztpraxis notwendig?

Checkliste zur Selbstbewertung

☐ Die Zuständigkeiten innerhalb der Praxis sind klar geregelt.

☐ Es gibt klare Absprachen über delegierbare/nicht delegierbare Leistungen.

☐ Stellen- und Arbeitsplatzbeschreibungen regeln die Aufgabenverteilung.

☐ Die Informationsmeldewege sind klar geregelt (auch während der Abwesenheitszeiten des Arztes).

☐ Es werden regelmäßige Praxisbesprechungen durchgeführt und protokolliert.

☐ Fehler und Beinahefehler werden besprochen und Vermeidungsmaßnahmen entwickelt.

☐ Das Praxisteam beteiligt sich regelmäßig an internen und externen Fortbildungen.

☐ Notfallsituationen werden regelmäßig trainiert.

☐ Persönlich durchgeführte Leistungen werden abgezeichnet (mit Namenskürzel), z. B. Injektionen.

☐ Der Arzt überzeugt sich regelmäßig von der Qualifikation der Mitarbeiterinnen.

☐ Die Anforderungen an die Hygiene sind erfasst und die Umsetzung wird regelmäßig überprüft.

Weitere relevante Punkte in Ihrer Praxis:

☐ ....

☐ ....

☐ ....

Abb. 2.1 Haftpflichtprophylaxe durch Qualitätsmanagement

---

wie ein funktionierendes Beschwerde- und Fehlermanagement Bestandteil eines erfolgreichen QM-Systems (Abb. 2.1; ▶ Kap. 3, Haftpflichtprophylaxe/Risikomanagement).

Zur Risikoeinschätzung innerhalb der Praxis siehe auch ▶ Kap. 5.1 (Patientensicherheit).

2.3.4 Schaffung einer Fehlerkultur

Fehler sind menschlich. Sie entstehen meist durch ungewollte Ereignisse. Qualitätsmanagement sieht einen Fehler als »Schatz«, aus dem es zu lernen gilt – aus dem man vor allem aber die Erkenntnis gewinnt, wie der Fehler ein zweites Mal vermieden werden kann.

Aus Fehlern lernen

Fehler oder Irrtümer sind kein Makel, wichtig ist, eine Wiederholung auszuschließen! Diese Idee steckt auch hinter den Fehlerberichts- und Lernsystemen wie www.jeder-fehler-zaehlt.de oder www.CIRSmedical.de.

Hilfreiche Instrumente zur Fehlervermeidung liefert ein Qualitätsmanagement
- mit protokollierten Teambesprechungen,
- standardisierten Ablaufplänen und
- internen Leitlinien/Checklisten-Verfahren.

Treten in der Arztpraxis immer wieder Fehler und Ärgernisse auf, sollte QM mithelfen, da anzusetzen, wo es hakt. Im Mittelpunkt steht dabei nicht die »Jagd nach dem Schuldigen«, sondern die systematische Suche der Betroffenen nach Verbesserungsmöglichkeiten und die Überarbeitung bisher gewohnter Abläufe mit einem schrittweisen Vorgehen anhand eines Ablaufplanes oder einer Checkliste.

Grundsätze der Fehlerkultur in der Arztpraxis:
- Alle Menschen machen Fehler.
- Es kommt nicht auf die Jagd nach dem Schuldigen an, sondern auf die dauerhafte Beseitigung der Ursachen!
- Eine nur symptomatische Beseitigung der Fehler und Schwächen – ohne Beseitigung der eigentlichen Ursache – ist zu vermeiden!
- Fehler sollten nach drei Merkmalen beurteilt werden: Erkennbarkeit, Wahrscheinlichkeit des Eintretens und – bei erfolgtem Eintritt – Abstellbarkeit (Tab. 5.1).
- Ursachen lassen sich nur durch eine offene Kommunikation (Teambesprechungen) finden.
- Fehler werden durch einen offenen und fairen Dialog entschärft!
- Fehler können haftungsrechtliche Folgen haben, daher ist Fehlervertuschung absolut schädlich.
- Wichtig ist es, ein angstfreies Klima zu schaffen!
- Wer einen Fehler gemacht hat, sollte den kreativen Prozess der Problemlösung und künftigen Vermeidung mit einem eigenen Vorschlag in Gang setzen.
- Das Entscheidende ist also die Lernfähigkeit bei der Bewertung der Fehlerfolgen und der daraus abgeleiteten Anstrengungen zur vorbeugenden Verhütung!

Strukturiertes Vorgehen ist auch bei auftretenden Fehlern und Problemen notwendig. Wer den Fehler / das Problem erkennt, trägt es nicht einfach vor, sondern beschreibt die Sachlage genau, ehe der Problemlösungsprozess in Gang gesetzt wird. Hierbei kann das folgende Schema (Tab. 2.1) Hilfestellung geben.

Vom Verständnis der Praxisleitung her sollten Arzthelferinnen nicht nur Probleme analysieren dürfen, sondern auch immer die Chance haben, Prozesse verändern zu können!

Hilfreich zur Problemanalyse und Lösung ist die konsequente Ausrichtung am PDCA-Zyklus nach Deming (▶ Kap. 3).

Hierzu wird der Problemlösungsprozess in vier Schritten strukturiert:
1. Prozess verstehen
2. Ursachen suchen und analysieren
3. Lösungen sammeln
4. Auswertung

Tab. 2.1 Fehler-/Problembeschreibung
Wann tritt der Fehler / das Problem auf?
Wie tritt der Fehler / das Problem auf?
Wie häufig tritt der Fehler / das Problem auf?
Was sind die Ursachen?
Was sind die Auswirkungen?
Welche Faktoren erschweren die Lösung?
Welche Lösungen gibt es?
Lösungsvergleich und Auswahl (Kosten/Nutzen)
Konkreter Lösungsvorschlag/Entscheidung

Bei jeder Phase des Problemlösungsprozesses sollte sich das Praxisteam fragen:
- Wo stehen wir?
- Wie ist der fehlerhafte/problematische Arbeitsablauf geplant?
- Was haben wir bereits getan, um den Fehler künftig zu vermeiden / das Problem zu beheben?
- Welche Überprüfung führen wir durch? Was sind die Ergebnisse?
- Wo müssen wir Verbesserungsmaßnahmen umsetzen, um den Arbeitsablauf weiter abzusichern?

Außerdem sollte eine Priorisierung erfolgen: Ist der vorgetragene Fehler / das Problem
- risikorelevant,
- ökonomisch relevant,
- qualitätsrelevant,
- servicerelevant?

Diese Festlegung beeinflusst den Zeitrahmen, in dem der kontinuierliche Verbesserungsprozess (▶ Kap. 3) durchgeführt werden muss.

2.3.5 Qualitäts-Selbstanspruch der Praxis

Für jede Praxisführung stellt sich aus unternehmerischer Sicht, die Frage, wie man mit der Praxis in der Öffentlichkeit gesehen werden möchte? Welches Image soll die Praxis haben? Wie sieht das Praxisteam sich selbst, z. B. unter Berücksichtigung eines Punkte-Wertsystems oder einer Bewertung mit Sternen?

Bei der Diskussion dieser Fragen wird klar, dass der eigene individuell angesetzte Qualitätsmaßstab eine wichtige Grundlage bei der Einführung eines QM ist. Instrument zur Fixierung des eigenen Qualitätsmaßstabes ist das Leitbild.

- **Beispiel für ein Leitbild:**
   » Der Einzelne hat niemals mit einem anderen Menschen zu tun, ohne dass er etwas von dessen Leben in seiner Hand hält. Es mag wenig sein: eine vorübergehende Stimmung, eine Heiterkeit, die man erstickt oder erweckt; ein Leiden, das vertieft oder gelindert wird. Aber es kann auch unendlich viel sein, so dass der Einzelne es in seiner Hand hat, ob das Leben des Anderen gelingt oder nicht gelingt. « (Knud Ejler Lögstrup)

Patientenbezug

Wir stellen unsere Kreativität, unser Engagement, unser Wissen, unsere Empathie und unsere Fähigkeiten in den Dienst am Patienten. Aber wir werden ihn dadurch nicht erdrücken. Jede Entscheidungsfindung erfolgt auf der Grundlage der gleichberechtigten Partnerschaft.

Führung

Führung erfolgt nach emotionalen und rationalen Motiven. Führung erfolgt durch Haltung, Gewissenhaftigkeit, Verlässlichkeit und Fürsorge. Führung darf hinterfragt und muss in Frage gestellt werden, wenn ihre Wirkung dem Nutzen des Patienten und dem Ziel des Unternehmens entgegen arbeitet.

Kommunikation

Kommunikation ist ein immerwährender Prozess. Unsere Fehler sind uns bewusst. Wir arbeiten hart an der ständigen Verbesserung der kommunikativen Kultur und ihrer Strukturen und Abläufe.

Prozesse

Die Stabilität und Zuverlässigkeit der Prozesse sichert die herausragende Position unserer Praxis. Kritikfähigkeit, Fehleranalyse, Beschwerdemanagement auf der einen, kontinuierliche Fortbildung, kritisches Hinterfragen von Ergebnissen und das Bedürfnis nach ständiger Verbesserung auf der anderen Seite sind das Fundament unserer Tätigkeit.

Einfluss auf die Gesellschaft

Wir sind uns unserer Verantwortung in sozialer, wirtschaftlicher und politischer Hinsicht bewusst und handeln danach. Kirchliches, kommunalpolitisches, standespolitisches und ehrenamtliches Engagement aller Mitglieder der Praxis ist gewollt und erwünscht.
Wir erwarten aber auch von den politischen Entscheidungsträgern Kompetenz, Einfühlungsvermögen, Sachlichkeit, Fairness und die Bereitschaft, den Mehltau von Gängelei und überbordenden Vorschriften im Gesundheitswesen zu beseitigen oder zumindest einzudämmen.

▼

> **Ergebnisse**
> Wir streben gute Resultate durch die systematische Reduktion von Fehlern an. Wir arbeiten ständig an der Anhebung der Struktur-, Prozess- und Ergebnisqualität. Unsere Qualitätsziele werden den jeweiligen Herausforderungen stets neu angepasst.
> Aus: www.kirchener-gemeinschaftspraxis.de

Qualitätsmanagement bedeutet im Wettbewerb des Gesundheitswesens auch: Dezentralisierung von Kompetenz und Verantwortung und mehr Management der Qualität statt Qualitätskontrolle. Qualitätsarbeit zu leisten und dies auch darlegen zu können und sich mit den Besten der Branche zu vergleichen, gehört zum unternehmerischen Selbstverständnis, zur Imagepflege und zur langfristigen Patientenbindung.

Der Aufbau einer Qualitätskultur durch den Praxisinhaber hat zudem eine Vorbildfunktion im öffentlichen Gesundheitswesen und gegenüber den Praxismitarbeitern.

Mit gelebtem Qualitätsmanagement wird durch präzise Beschreibung des Arbeitsflusses das Praxiswissen gesichert. Dadurch entsteht auch nach dem Ausscheiden von Mitarbeitern kein wesentlich funktioneller Kompetenzverlust.

2.3.6 Unternehmerische Sicht

Arztpraxen müssen nach unternehmerischen Grundsätzen geführt werden, wenn sie langfristig Erfolg haben wollen. Dazu zählen:
- Effiziente und effektive Leistungserbringung
- Garantie/Erhöhung der Qualität von Arbeitsprozessen/ ergebnissen
- Gewährleistung der Betreuungsqualität

Ein integriertes QM-System bietet die Chance, diese ökonomischen Erfordernisse in einem System zusammenzuführen, aufeinander abzustimmen und dem jeweiligen Praxisablauf anzupassen.

2.3.7 Qualitätsmanagement und Qualitätsindikatoren

Qualitätsentwicklung mit Hilfe von Messungen anhand definierter Qualitätsindikatoren ist zentrales Element des Qualitätsmanagements (▶ Kap. 1.3). Über den Einsatz und die Entwicklung von Qualitätsindikatoren informiert die QM-Richtlinie des Gemeinsamen Bundesausschusses.

§ 6 Abs. 2 der Richtlinie sieht explizit vor, dass die Wirksamkeit des Qualitätsmanagements im Rahmen der Selbstbewertung auch anhand von Qualitätsindikatoren beurteilt wird. Dort heißt es:

> » Dies kann auf der Grundlage von Nachweisen und Messungen der Prozess- und Ergebnisqualität erfolgen, z. B. in Form von Patientenbefragungen sowie Auswertungen dokumentierter Beschwerden und erfasster Fehler. «

Anlage 1 der Richtlinie konkretisiert den Einsatz und die Entwicklung von Qualitätsindikatoren.

Auch der Vergleich von Einrichtungen des Gesundheitswesens anhand von vorab festgelegten Indikatoren nimmt an Bedeutung zu. Dieses Vorgehen, also die »Suche nach optimaler Berufspraxis« (so genannte Best-Practice) wird auch Benchmarking genannt.

So ist die Optimierung der sektorenübergreifenden Versorgung mit Hilfe vergleichender Datenauswertungen erklärtes Ziel der Richtline vom April 2010 über die einrichtungs- und sektorenübergreifenden Maßnahmen der Qualitätssicherung. Hierin setzt der Gemeinsame Bundesausschuss den gesetzlichen Auftrag aus § 137 SGB V zur Qualitätssicherung sektorenübergreifend verlaufender Behandlungsprozesse um.

In der Präambel heißt es:

> » Diese [Maßnahmen] haben insbesondere zum Ziel, die Ergebnisqualität zu verbessern, valide und vergleichbare Erkenntnisse über die Versorgungsqualität der Leistungserbringerinnen und Leistungserbringer zu gewinnen und damit die Selbstbestimmung der Patientinnen und Patienten zu stärken. Durch die sektorenübergreifende Betrachtung wird ein kontinuierlicher Qualitätsentwicklungsprozess eingeleitet. «

Die Richtlinie beschreibt die infrastrukturellen Voraussetzungen und grundsätzlichen Vorgehensweisen (www.g-ba.de/informationen/beschluesse/1119) unter anderem im Hinblick auf die Datenerhebung und -auswertung.

Aus dem Vergabeverfahren zur Entwicklung entsprechender Qualitätsindikatoren gem. § 137a SGB V war bereits 2009 das Institut für angewandte Qualitätsförderung und Forschung im Gesundheitswesen (AQUA-Institut) als Gewinner hervorgegangen. Das Institut hat die Internetplattform www.SQG.de eingerichtet. Hier werden die Informationen, Daten und Ergebnisse zur Qualitätssicherung nach § 137a SGB V veröffentlicht. Die Abkürzung SQG steht für **S**ektorenübergreifende **Q**ualität im **G**esundheitswesen.

Für die Anwendung in der ambulanten Versorgung stehen auch das AQUIK-Indikatorenset der Kassenärztlichen Bundesvereinigung zur Verfügung (www.aquik.de) oder das vom Aqua-Institut im Auftrag des AOK Bundesverbandes entwickelte Qualitätsindikatorensystem QISA (www.qisa.de). Die Abkürzung AQUIK steht für **A**mbulante **Qu**alitätsindikatoren und **K**ennzahlen, QISA beschreibt das **Q**ualitäts**i**ndikatoren**s**ystem für die **a**mbulante Versorgung.

2.3.8 Gründe der eigenen Zufriedenheit und Lebensqualität

Gegner des Qualitätsmanagements sehen in dem hohen zeitlichen Aufwand einschließlich der Kosten, den die Einführung von Qualitätsstandards in der Praxis verursacht, ein großes Ärgernis. Die Vielzahl der angebotenen QM-Modelle, ein unübersichtlicher Markt, die nicht geschützte Berufsbezeichnung »QM-Berater« und eine gewisse Unkenntnis in den Praxen sorgen vielfach für unliebsame, teure Überraschungen. Sie lassen QM als ein »Arbeitsbeschaffungsprogramm« für die Praxis und als »Geldbeschaffungsprogramm« vor allem für die Anbieter erscheinen. Vorsicht ist deshalb bei der kritischen Auswahl von Hilfen geboten.

> **Es gibt viele weitere Begründungen für Zurückhaltung im Bezug auf Qualitätsmanagement:**
> — Das geht nicht.
> — Das haben wir schon immer so gemacht.
> — Es ist zu teuer.
> ▼

> — Es ist zu aufwändig.
> — Das wollen unsere Patienten nicht.
> — Ich bin nicht sicher, ob unser Chef da mitmacht.
> — Meine Arzthelferinnen sind damit überfordert.
> — Das funktioniert doch nie.
> — So wie wir es jetzt machen, ist es doch o.k.
> — Das ist alles viel zu theoretisch.
> — Wir haben nicht genügend Zeit dafür.
> — So etwas haben wir noch nie gemacht.
> — Dafür haben wir kein Personal.
> — Dafür haben wir kein Geld.
> — Ich sehe das aber ganz anders.
> — Vielleicht funktioniert es, vielleicht auch nicht.
> — Ich bin ja sehr dafür, aber …
> — Nach dieser Einführung wird wieder nichts passieren.
> — Wer will denn wirklich eine Veränderung?
> — Es ist sowieso alles hoffnungslos.

Nichts zu tun, wäre aber genauso falsch wie vorauseilender Gehorsam.

> **Qualitätsmanagement nutzenorientiert anwenden**
> **Vorauseilender Gehorsam im Sinne eines unreflektierten Übernehmens von Musterbüchern, QM-Modellen oder der Einbindung in einen Überwachungs- und Zertifizierungs-Zyklus in Form von externen Audits ist fehl am Platz. Andererseits wird sich das Verharren im Alten für eine Praxis langfristig negativ auswirken.**

Dem amerikanischen Erfinder Edison wird das Zitat zugeschrieben:

> » Wenn es einen Weg gibt, etwas besser zu machen: finde ihn! «

Dauerhafter Praxiserfolg braucht klare und eindeutige Standards, wie Kernprozesse und Abläufe durchzuführen sind. Diese schreibt die Kleinstpraxis in wenigen Checklisten in einem schmalen Organisationshandbuch (QM-Handbuch) nieder. Die praxisspezifischen Handlungsabläufe und die Betriebsstruktur in einer Praxis mit mehreren Ärzten werden schon umfangreicher sein – die Vorgehensweise bleibt jedoch die gleiche:

- Klärung der Verantwortlichkeiten (Wer macht was?)
- Detaillierte Arbeitsplatz- und Funktionsbeschreibungen (Wie mache ich was?)

Dazu braucht es einen konzeptionellen Rahmen, einen Ordner. Hilfreich – damit das Rad nicht immer wieder neu erfunden werden muss – sind dann Mustervorlagen, wie die diesem Werk beigefügte CD sie bietet, die dann individuell an die Praxis angepasst werden können.

QM ist ein Instrument zum Selbstmanagement, zur Verbesserung der Arbeits- und Lebensqualität im Praxisteam. Deshalb muss die Vorgehensweise und müssen die Instrumente zum QM einfach, praktikabel und nützlich sein. Von gutem QM spricht man dann, wenn

- es in der Praxis gut läuft und die Ziele erreicht werden,
- die Praxisabläufe sich verbessert haben,
- Kosten und Zeit gespart werden,
- mehr Spaß an der Arbeit gewonnen wird,
- alle zufriedener sind.

Wird QM zum Papiertiger und zum Selbstzweck, hat es seinen Sinn verfehlt.

Kriterien für den Umfang der Dokumentation sind zum Beispiel:

- die Größe der Praxis,
- die Komplexität der Abläufe und Aufgaben,
- Fehlerpotenzial, Fehlerhäufigkeit und besondere Risiken,
- Bedeutung für die Gesamtleistung.

Insbesondere sollten sich der Umfang und der Detaillierungsgrad von Ablaufbeschreibungen und Arbeitsanweisungen nach der Qualifikation derer richten, die damit angesprochen sind. Für die erfahrene, qualifizierte medizinische Fachangestellte kann der Inhalt deutlich straffer sein als für die Auszubildende.

2.4 Die G-BA-Richtlinie und ihre Anforderungen an das Qualitätsmanagement

Am 1. Januar 2006 ist die Richtlinie in Kraft getreten, in der der Gemeinsame Bundesausschuss die Anforderungen an ein einrichtungsinternes Qualitätsmanagement für die an der vertragsärztlichen Versorgung teilnehmenden Ärzte, Psychotherapeuten und medizinischen Versorgungszentren definiert hat (www.g-ba.de/informationen/richtlinien/18). Sie konkretisiert die gesetzliche Verpflichtung aus § 135a SGB V zur Einführung eines Qualitätsmanagements für den Bereich der benannten Adressaten.

Wer sich bis dahin noch nicht mit dem Thema beschäftigt hatte, konnte sich spätestens jetzt der Auseinandersetzung damit kaum noch entziehen. Schnell sahen sich die betroffenen Einrichtungen einer Flut von Informationen, Beratungs-, Unterstützungs- und Zertifizierungsangeboten gegenüber. Der Markt wurde allmählich unübersichtlich und es erforderte eine gewisse Anstrengung, hier die Spreu vom Weizen zu trennen.

In der Zwischenzeit wird kaum noch über das »Ob überhaupt«, sondern vielmehr über das »Wie« der Umsetzung diskutiert. Fast jede Praxis hat sich in irgendeiner Form mit dem Thema Qualitätsmanagement beschäftigt – die einen mehr, die anderen weniger überzeugt.

Für den Aufbau und die Entwicklung des Qualitätsmanagements stehen unterschiedliche Konzepte und Verfahren zur Verfügung (▶ Kap. 2.5).

> Wer sich – losgelöst von Kriterienkatalogen und Zertifizierungsverfahren – der QM-Arbeit stellen möchte, dem gibt die Richtlinie selbst eine gute Orientierung.

Was fordert die Richtlinie?

Zunächst einmal definiert sie in den §§ 2-4 die Ziele und Grundelemente eines einrichtungsinternen Qualitätsmanagements und legt die anzuwendenden Instrumente fest.

Eine wichtige Botschaft hat der Gemeinsame Bundesausschuss gleich an den Anfang seiner Ausführungen gesetzt. In § 1 der Richtlinie heißt es:

> » Dabei [bei der QM-Einführung] hat der Aufwand in einem angemessenen Verhältnis, insbesondere in Bezug auf die personelle und strukturelle Ausstattung, zu stehen. «

Der Ausschuss unterscheidet damit sehr wohl zwischen der großen Gemeinschaftspraxis mit oftmals

2.4 · Die G-BA-Richtlinie und ihre Anforderungen an das Qualitätsmanagement

komplexen Strukturen und Abläufen, dem Medizinischen Versorgungszentrum mit enger Vernetzung an den Krankenhausbetrieb oder einer Einzelpraxis mit einer Mitarbeiterin.

Diese Differenzierung unterstreicht die eigentliche Aufgabenstellung eines Qualitätsmanagements: Es geht primär um die zielgerichtete, selbstkritische Auseinandersetzung mit den Qualitätspotenzialen der Einrichtung und nicht darum, Selbstverständlichkeiten zu Papier zu bringen. Die unreflektierte Verschriftlichung von Abläufen und Aufgabenstellungen mag im Einzelfall helfen, gesetzliche Anforderungen zumindest vordergründig zu erfüllen. Ein echter Mehrwert für die Praxis und ihre Patienten lässt sich damit jedoch kaum herstellen. Anders ausgedrückt:

> **Qualitätsmanagement soll der Praxis dienen, nicht umgekehrt!**

■ **Ziele eines einrichtungsinternen Qualitätsmanagements**

In **§ 2** verknüpft die Richtlinie klare Erwartungen und Zielsetzungen an die Einführung und Entwicklung von Qualitätsmanagement in der vertragsärztlichen Versorgung. Insbesondere soll dieses Führungsinstrument
- die Qualität der medizinischen und psychotherapeutischen Versorgung sichern und verbessern,
- eine systematische Patientenorientierung bei allen Aktivitäten fördern,
- die Arbeitszufriedenheit der Praxismitarbeiter/innen und der Praxisleitung erhöhen,
- mögliche Risiken in den Praxisabläufen aufzeigen und zu deren Verringerung beitragen,
- zur Objektivierung und Messung von Ergebnissen beitragen,
- eine strukturierte Kooperation an den Nahtstellen der Versorgung fördern,
- als Teamaufgabe verstanden werden, die von der Praxisleitung vorgegebenen Ziele verfolgt und eingebettet ist in eine zielorientierte Praxispolitik und -kultur.

■ **Grundelemente und Instrumente eines einrichtungsinternen Qualitätsmanagements**

Im Bereich der Patientenversorgung benennt **§ 3** der Richtlinie als Grundelemente eines einrichtungsinternen Qualitätsmanagements:

- Ausrichtung an fachlichen Standards und Leitlinien entsprechend dem jeweiligen Stand der Wissenschaft
- Patientenorientierung, Patientensicherheit, Patientenmitwirkung, Patienteninformation und Patientenberatung
- Strukturierung von Behandlungsabläufen

Im **Bereich Praxisführung, Mitarbeiter und Organisation** definiert die Richtlinie weitere Grundelemente, auf die das Qualitätsmanagement anzuwenden ist. Dies sind:
- Regelung von Verantwortlichkeiten
- Mitarbeiterorientierung (z. B. Arbeitsschutz, Fort- und Weiterbildung)
- Praxismanagement (z. B. Terminplanung, Datenschutz, Hygiene, Fluchtplan)
- Gestaltung der internen und externen Kommunikationsprozesse sowie Informationsmanagement
- Kooperation und Management der Nahtstellen der Versorgung
- Integration bestehender Qualitätssicherungsmaßnahmen in das interne Qualitätsmanagement

Gemäß **§ 4** sind bei der Implementierung insbesondere folgende **Instrumente** anzuwenden:
- Festlegung und Dokumentation von konkreten, praxisindividuellen Qualitätszielen
- Festlegung und Dokumentation konkreter Maßnahmen zur Zielerreichung
- Systematische und dokumentierte Überprüfung der Zielerreichung (z. B. anhand von Indikatoren)
- Nachvollziehbare Anpassung von Maßnahmen bei festgestellten Zielabweichungen
- Regelmäßige, strukturierte Teambesprechungen
- Prozess- und Ablaufbeschreibungen
- Durchführungsanleitungen
- Patientenbefragungen, nach Möglichkeit mit validierten Instrumenten
- Beschwerdemanagement
- Organigramm, Checklisten
- Erkennen und Nutzen von Fehlern und Beinahefehlern zur Einleitung von Verbesserungsprozessen
- Notfallmanagement
- Dokumentation der Behandlungsverläufe und der Beratung

Zusammenhang zwischen den Zielen, Grundelementen und Instrumenten des Qualitätsmanagements:

Ziele, Grundelemente und Instrumente des Qualitätsmanagements stehen keineswegs zusammenhanglos nebeneinander. Vielmehr sind die Grundelemente aus den Zielen abgeleitet und zu den Grundelementen werden konkrete Umsetzungsinstrumente beschrieben. Oder anders ausgedrückt: Um die Ziele des Qualitätsmanagements zu erreichen, ist es erforderlich, sich mit allen aufgeführten Grundelementen systematisch auseinanderzusetzen. Mit Hilfe der beschriebenen Instrumente werden die Grundelemente in konkrete, überprüfbare Maßnahmen umgesetzt. Diese dienen ihrerseits dazu, das Praxisgeschehen zielgerichtet zu steuern.

Etwas vereinfacht geht es also um die Frage:
Was (Ziel) soll wie (Grundelemente) womit (Instrumente) erreicht werden?
Bzw. umgekehrt

Wie lassen sich die QM-Ziele durch Anwendung der QM-Instrumenten auf die QM-Grundelemente erreichen?
- Abb. 2.2 verdeutlicht den Zusammenhang.

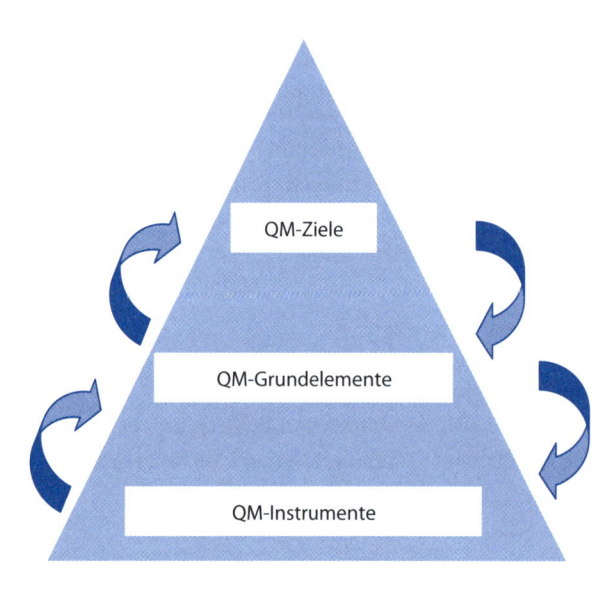

Abb. 2.2 Ziele-Grundelemente-Instrumente

▪ Wie sehen die zeitlichen Vorgaben aus?

Den Zeitrahmen zur Umsetzung dieser Anforderungen hat der Gemeinsame Bundesausschuss in § 5 der Richtlinie auf vier Jahre nach In-Kraft-Treten der Richtlinie bzw. nach Aufnahme der vertragsärztlichen Tätigkeit festgelegt. Dabei ist eine zweijährige Phase der Planung vorgesehen, auf die eine ebenfalls zweijährige Phase der Umsetzung folgt. Im Einzelnen sieht die Richtlinie vor:

▪ PHASE 1: Planung

Verpflichtende Aufgabenstellungen in dieser Phase sind
- die schriftliche Selbstbewertung des Ist-Zustandes hinsichtlich der in der Richtlinie definierten Ziele und Anforderungen (§§ 2-4; ► Kap. 5.3),
- die Festlegung konkreter Umsetzungsziele bei festgestellten Soll-Ist-Abweichungen,
- in Praxen mit mehreren Vertragsärzten die Benennung eines für das QM zuständigen Vertragsarztes.

Ergänzend empfohlen wird
- die Teilnahme an QM-Fortbildungskursen insbesondere zu den in § 3 und § 4 benannten Grundelementen und Instrumenten,
- in Praxen mit mehr als drei nichtärztlichen Vollzeitkräften die Benennung einer für das QM zuständigen nichtärztlichen Mitarbeiterin (QM-Beauftragte).

▪ PHASE 2: Umsetzung

Auf der Grundlage der in Phase 1 durchgeführten Analysen und Planungen sind konkrete Umsetzungsmaßnahmen zu ergreifen. Im Ergebnis sollen alle in der Richtlinie benannten Grundelemente umgesetzt sein und die vorgegebenen Instrumente zum Einsatz kommen.

▪ PHASE 3: Überprüfung

In diesem Zeitraum soll eine erneute Selbstbewertung hinsichtlich der Einführung der Grundelemente und Instrumente einschließlich der Zielerreichung erfolgen. Grundlage hierfür sind Umsetzungsnachweise und Messungen der Prozess- und Ergebnisqualität, z. B. in Form von Patientenbefragungen sowie den Auswertungen von Beschwerde- und Fehlererfassungen.

2.5 Konzepte und Verfahren zum Aufbau und zur Entwicklung des Qualitätsmanagements

Jährliche Selbstbewertungen

Mit Phase 3 ist die QM-Arbeit keineswegs abgeschlossen. Vielmehr sieht die Richtlinie daran anschließend *jährliche Selbstbewertungen* im Hinblick auf die Weiterentwicklung der Grundelemente und Instrumente vor einschließlich der jeweiligen Zielerreichung.

Parallel zu den Selbstbewertungen der Praxis haben die bei den Kassenärztlichen Vereinigungen angesiedelten Qualitätsmanagement-Kommissionen zur Bewertung und Weiterentwicklung des einrichtungsinternen Qualitätsmanagements ihre Arbeit aufgenommen. Sie fordern jährlich mindestens 2,5% zufällig ausgewählte Vertragsärzte auf, Angaben zum Einführungs- und Entwicklungsstand ihres einrichtungsinternen Qualitätsmanagements einzureichen, insbesondere zum zeitlichen Ablauf und zu den ergriffenen Maßnahmen.

Zusammenfassend lässt sich der Ablauf wie in Abb. 2.3 dargestellt skizzieren.

Zur Umsetzung des Qualitätsmanagements stehen eine Vielzahl von Konzepten und Verfahren zur Verfügung. Einige davon möchten wir kurz vorstellen:

DIN EN ISO 9001

Das Deutsche Institut für Normung (DIN) und die Internationale Standardisierungsorganisation (ISO) verwalten und pflegen Normen. Die DIN EN ISO 9001 beschreibt als Qualitätsnorm die grundlegenden Anforderungen an Qualitätsmanagementsysteme.

Sie ist branchenübergreifend ausgerichtet und daher auch auf die Einrichtungen des Gesundheitswesens anwendbar. Die Norm besteht aus insgesamt 5 Hauptkapiteln. In Kapitel 4 sind die allgemeinen Anforderungen an das Qualitätsmanagement geregelt, Kapitel 5 hebt die Verantwortung der Leitung hervor,

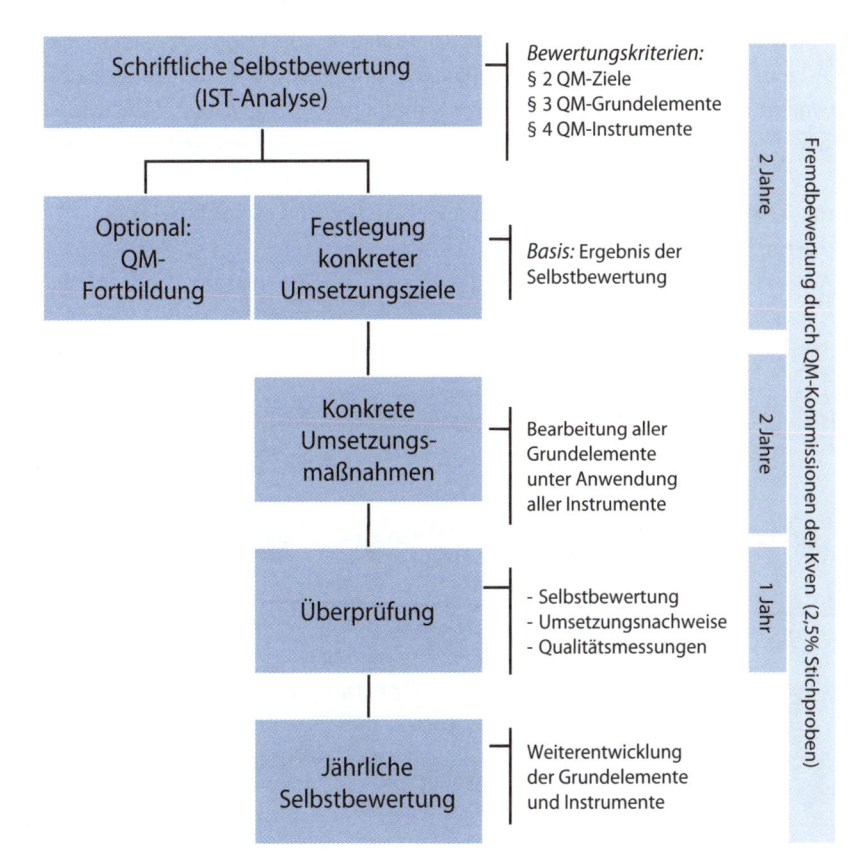

Abb. 2.3 Umsetzungs- und Zeitplan zur QM-Richtlinie

Kapitel 6 bezieht sich auf die Verfügbarkeit benötigter Ressourcen, Kapitel 7 beschreibt die Anforderungen an die Leistungsprozesse der betrachteten Einrichtung und Kapitel 8 konkretisiert die Vorgaben im Hinblick auf die kontinuierliche Weiterentwicklung des Qualitätsmanagements.

Der branchenübergreifende Ansatz macht eine Interpretation der Normforderungen im Hinblick auf die konkreten Anforderungen in einer spezifischen Einrichtung, zum Beispiel der Arztpraxis, erforderlich. Für die Umsetzung ist daher in der Regel eine entsprechende Schulung oder fachkompetente Unterstützung notwendig.

Ein Vorteil der DIN EN ISO 9001 besteht darin, dass nur vergleichsweise wenige Regelungen explizit in schriftlicher Form gefordert sind und insofern ein relativ breiter Spielraum in Bezug auf den Umfang der QM-Dokumentation besteht (Abb. 2.4).

- Europäisches Praxisassessment (EPA)

Das Europäische Praxisassessment (EPA) ist eines der speziell auf Arztpraxen zugeschnittenen Verfahren zur Einführung und Weiterentwicklung des Qualitätsmanagements. Entstanden ist es unter anderem in Zusammenarbeit mit dem Institut für Allgemeinmedizin der Universität Frankfurt, der Sektion Allgemeinmedizin und Versorgungsforschung der Universität Heidelberg und der Bertelsmann-Stiftung (www.europaeisches-praxisassessment.de).

EPA basiert auf einer strukturieren Bewertung des Ist-Zustands der Praxis. Aufbauend hierauf werden in einem Feedback-Bericht konkrete Ansatzmöglichkeiten zur Verbesserung des Praxismanagements aufgezeigt. Der bereitgestellte Beratungsbericht ermöglicht die Inanspruchnahme öffentlicher Fördermittel.

Das Verfahren selbst beinhaltet eine Selbstbewertung anhand festgelegter Kriterien sowie eine Mitarbeiter- und Patientenbefragung, bei Facharztpraxen auch eine Überweiserbefragung. Weiterer Bestandteil ist eine systematische Fremdbewertung in Form einer Praxisbegehung und eines Arztinterviews. Die Fremdbewertung schließt ab mit einer moderierten Teambesprechung und dem Vergleich der Ergebnisse mit den Ergebnissen anderer Praxen. Erfüllt die Praxis alle Anforderungen des Verfahrens, kann ein EPA-Zertifikat beantragt werden.

Ausdrückliche Zielsetzung ist es, die Praxis in einen strukturierten Lernprozess zum Qualitätsmanagement zu führen. Begleitet und unterstützt werden die Praxen durch ergänzende Workshops zu ausgewählten Themen oder auch mit Hilfe einer Online-Datenbank, über die QM-Materialien zur Verfügung gestellt werden.

- KTQ®

Das KTQ-Verfahren zur Implementierung des Qualitätsmanagements im niedergelassenen Bereich basiert auf einer Kombination von Selbst- und Fremdbewertung. Entwickelt wurde es durch die Kooperation für Transparenz und Qualität im Gesundheitswesen (KTQ®), an der unter anderem die Bundesärztekammer und der Bundesverband in der Praxis mitarbeitender Arztfrauen beteiligt sind (www.ktq.de).

Erster Schritt des Verfahrens ist eine Selbstbewertung durch das Praxisteam, die als selbstkritische Be-

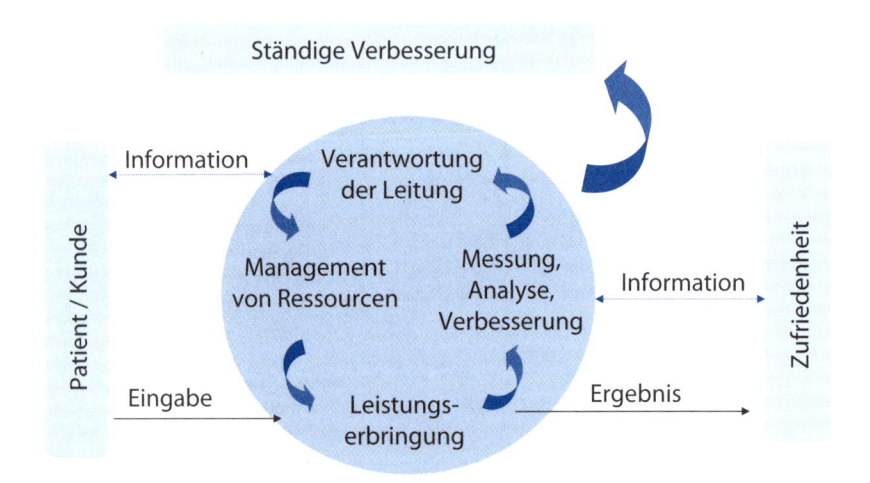

Abb. 2.4 Prozessmodell der DIN EN ISO 9001

trachtung der eigenen Strukturen und Leistungen zu verstehen ist. Grundlage hierfür ist ein strukturierter Fragenkatalog, der gleichzeitig Verbesserungs- und Entwicklungsmöglichkeiten aufzeigt. Der Katalog ist ausgerichtet an den konkreten Abläufen der Praxis und bezieht sich auf die Kategorien Patientenorientierung, Praxisführung, Mitarbeiterorientierung, Sicherheit in der Praxis, Informationswesen und Aufbau des Qualitätsmanagements in der Praxis.

Zur Unterstützung der Praxen bei der Selbstbewertung ist das Handbuch »KTQ® für Praxen und MVZ« herausgegeben worden. Mittels eines speziellen Software-Programms erstellt die Praxis einen Selbstbewertungsbericht. Er ist Grundlage für die anschließende Fremdbewertung, die in Form einer Praxisbegehung, sog. kollegialer Dialoge, und einer Überprüfung der QM-Dokumentation durchgeführt wird.

Ein KTQ-Zertifikat wird ausgestellt, wenn die Ergebnisse der Selbstbewertung mit den Erkenntnissen aus der Fremdbewertung übereinstimmen und bestimmte Mindestpunktzahlen erreicht sind. Bestandteil des Verfahrens ist außerdem die Veröffentlichung eines zusammenfassenden Qualitätsberichts im Internet.

- **QEP®**

QEP® steht für »**Q**ualität und **E**ntwicklung in **P**raxen«. Das Konzept wurde unter der Regie der Kassenärztlichen Bundesvereinbarung (www.kbv.de/qep) entwickelt. Es ist auf die Abläufe und Rahmenbedingungen der Praxen zugeschnitten und ermöglicht je nach Ausgangssituation und Bedarf einen schrittweisen Einstieg in das praxisinterne Qualitätsmanagement. QEP® ist modular aufgebaut.

Es besteht aus mehreren Bausteinen, die aufeinander abgestimmt, kombinierbar und schrittweise umsetzbar sind. Herzstück ist der Qualitätsziel-Katalog, der gegliedert ist in die Abschnitte Patientenversorgung, Patientenrechte und Patientensicherheit, Mitarbeiter und Fortbildung, Praxisführung und Organisation sowie Qualitätsentwicklung. Dieser Zielkatalog hilft, Verbesserungsmöglichkeiten zu erkennen und anzugehen.

Die Qualitätsziele sind in Form von Indikatoren konkretisiert und durch Erläuterungen und Fragebeispiele unterlegt. Vor einer Zertifizierung steht eine strukturierte Selbstbewertung anhand des Kataloges. Unterstützungshilfen erhalten die Praxen über das QEP®-Curriculum mit Einführungsseminar und ergänzende Fortbildungsveranstaltungen. Ein weiteres wichtiges Unterstützungsinstrument stellt das QEP-Manual dar.

Es enthält Umsetzungsvorschläge, die mögliche Vorgehensweisen für die Bearbeitung der Kernziele beschreiben. Ergänzt werden diese durch Musterdokumente, die von den Praxen individuell anzupassen sind. Im Rahmen einer Fremdbewertung kann die Praxis die Selbstbewertung überprüfen und objektivieren lassen. Hierzu gehören eine Dokumentenvorprüfung und eine Vor-Ort-Begehung in der Praxis. Bei erfolgreicher Absolvierung der Fremdbewertung wird ein QEP-Zertifikat ausgestellt.

Das ABC des Qualitätsmanagements

Anrufbeantworter

Praxistelefon und Anrufbeantworter sind die akustische Visitenkarte der Arztpraxis. Um hier Qualitätsstandards zu setzen, sind gemeinsam im Team entwickelte und in Textbausteinen abgespeicherte Formulierungen hilfreich. Vorrangig ist eine verständliche und patientenorientierte Sprache mit deutlichen Serviceakzenten. Zur kontinuierlichen Verbesserung kann die Qualität und Akzeptanz in Patientenbefragungen getestet werden.

Arbeitsanweisungen …

beschreiben, wie eine bestimmte Aufgabenstellung, zum Beispiel eine diagnostische Maßnahme, auszuführen ist. Inhaltlich werden hier die notwendigen Vorbereitungen ebenso geregelt wie die zu verwendenden Hilfsmittel oder notwendige Überprüfungen und Dokumentationen. In Arbeitsanweisungen wird auch die Reihenfolge der einzelnen Arbeitsschritte festgelegt. Arbeitsanweisungen werden dort eingesetzt, wo es für bestimmte Einzeltätigkeiten nötig erscheint, detaillierte Handlungsanweisungen zu geben, um eine einheitliche Vorgehensweise in der Praxis sicherzustellen. Für den effektiven Einsatz von Arbeitsanweisungen im Rahmen des Qualitätsmanagements ist es sinnvoll, einen einheitlichen formalen Aufbau einzuhalten. Praxisbewährt ist zum Beispiel folgender Aufbau:
- Qualifikation des die Aufgabe ausführenden Personals
- Benötigte Hilfsmittel
- Notwendige Vorbereitungen
- Arbeitsablauf
- Notwendige Nachbereitung einschl. Dokumentationsanforderungen

Tipp: Auszubildende machen sich in der Regel viele Notizen zu den Tätigkeiten, die ihnen im Laufe der Ausbildung erläutert werden. Diese Notizen sind eine wertvolle Grundlage für Arbeitsanweisungen und können den mit der Erstellung verbundenen zeitlichen Aufwand deutlich minimieren.

Arbeitsplatzbeschreibungen …

sind neben Arbeitsanweisungen, Stellenbeschreibungen und Organigrammen ein Instrument des Qualitätsmanagements zur klaren Regelung von Zuständigkeiten und Befugnissen. Während Arbeitsanweisungen festlegen, wie eine bestimmte Einzeltätigkeit durchzuführen ist, enthält die Arbeitsplatzbeschreibung alle Einzeltätigkeiten, die einem bestimmten Arbeitsplatz zugeordnet sind, zum Beispiel der Anmeldung oder dem Labor.

Um eine Arbeitsplatzbeschreibung vorzubereiten, ist es hilfreich, zunächst über einen bestimmten Zeitraum alle Tätigkeiten zu notieren, die an einem bestimmten Arbeitsplatz anfallen. Diese noch unsortierten Aufzeichnungen werden dann im Team gemeinsam besprochen und geordnet.

Bei der Diskussion sollte auch kritisch hinterfragt werden, ob der betroffene Arbeitsplatz tatsächlich der geeignete Ort für die Ausführung der jeweiligen Tätigkeit ist oder ob eine andere Aufgabenteilung vielleicht sinnvoller wäre. Nach dieser Prüfung werden dann die einzelnen Aufgaben schriftlich den unterschiedlichen Arbeitsplätzen zugeordnet, zum Beispiel in Form einer Checkliste. Wo sinnvoll und erforderlich, wird auch der Zeitpunkt festgelegt, zu dem eine bestimmte Tätigkeit durchzuführen ist (▶ Kap. 5.4.2, Schritt 13).

Arbeitsschutz

Die grundlegenden Arbeitsschutzvorschriften wurden branchenübergreifend in das Arbeitsschutzgesetz (ArbSchG) vom 7. August 1996 übernommen. Es dient dazu, Sicherheit und Gesundheitsschutz der Beschäftigten bei der Arbeit zu sichern und zu verbessern. Hier ist
u. a. geregelt, dass der Arbeitgeber beurteilen muss, welche Gefährdungen für die Beschäftigten mit ihrer Arbeit verbunden sind (§ 5 ArbSchG). Bei mehr als 10 Beschäftigten ist diese Gefährdungsbeurteilung zu dokumentieren. Bei der Berechnung der Anzahl der Beschäftigten wird die Arbeitszeit zugrunde gelegt. Die §§ 11 und 12 ArbSchG enthalten Vorschriften zu arbeitsmedizinischen Vorsorgeuntersuchungen und zu regelmäßigen Unterweisungen bezüglich Sicherheit und Gesundheitsschutz.

Ergänzend sieht das Arbeitssicherheitsgesetz (ASiG) die Bestellung eines Betriebsarztes sowie einer Fachkraft für Arbeitssicherheit vor, die den Arbeitgeber beim Arbeitsschutz und der Unfallverhütung unterstützen.

Darüber hinaus sind die Vorschriften der Biostoff-Verordnung und der Gefahrstoffverordnung sowie die BG-Richtlinien zu beachten, die ebenfalls dem Schutz der Beschäftigten dienen (▶ Kap. 5.4.2, Schritt 12).

Audit

von lat. »audire«: hören, zuhören; engl.: Prüfung, Inspektion, Rechenschaftslegung

Ein Audit ist ein Verfahren, mit dem untersucht wird, ob Arbeitsabläufe mit den an sie gestellten internen und externen Anforderungen übereinstimmen. Sie dienen auch der Überprüfung, ob die bei der Leistungserbringung angewandten Methoden und Techniken geeignet sind, die gesetzten Ziele zu erreichen. Im Vordergrund steht die Einsichtnahme in schriftliche Unterlagen, die Befragung des Praxisteams und die Beobachtung von Abläufen. Zu unterscheiden sind externe und interne Audits.

Externe Audits sind eine Form der Fremdbewertung. Ein externes Audit bezeichnet die systematische und kritische Analyse der Qualität ambulanter Versorgung einschließlich der Vorgehensweisen in der Diagnostik, Behandlung und Versorgung durch externe Gutachter. Als Referenz dienen hierbei Maßstäbe oder Normen, die von Dritten vorgegeben werden. Zielsetzung ist es, ein Zertifikat und damit eine Bescheinigung darüber zu erhalten, dass die vorgegebenen Anforderungen erfüllt werden.

Interne Audits sind dagegen eine Form der praxisinternen Selbstbewertung (▶ Kap. 5.3) und Selbstüberprüfung. Im Qualitätsmanagement sind sie ein wichtiges Instrument zur kontinuierlichen Verbesserung. Im Vordergrund steht hier die gemeinsame Suche nach Entwicklungsmöglichkeiten im Hinblick auf die Gestaltung der Arbeitsabläufe. Maßstab sind in erster Linie die internen Vorgaben und Zielsetzungen. Interne Audits dienen auch dazu, eine externe Begutachtung vorzubereiten und ggf. notwendigen Handlungsbedarf rechtzeitig zu erkennen.

Aufbereitung

Die Aufbereitung umfasst alle Maßnahmen zur sicheren Reinigung/Desinfektion und Sterilisation von mit Krankheitserregern kontaminierten Medizinprodukten. Eine ordnungsgemäße Aufbereitung wird gemäß § 4 Abs. 2 der Medizinprodukte-Betreiberverordnung vermutet, wenn die entsprechenden Empfehlungen des Robert-Koch-Institutes (Kommission für Krankenhaushygiene und Infektionspräventation) beachtet werden. Das heißt im Umkehrschluss:

Im Haftungsfall muss nachgewiesen werden, dass diese Anforderungen erfüllt wurden. Hieraus ergibt sich insbesondere die Verpflichtung zur Anwendung der vom Robert-Koch-Institut (RKI) empfohlenen Vorgehensweise bei der Aufbereitung und zur Bereitstellung der erforderlichen Arbeitsmittel.

> **Die Medizinprodukte-Betreiberverordnung (MP-BetreibV) regelt in § 4, dass nur Personen mit der Instandhaltung von Medizinprodukten beauftragt werden dürfen, die über die erforderliche Sachkenntnis sowie über die notwendigen Voraussetzungen und Mittel verfügen. Instandhaltung umfasst die Wartung, Inspektion, Instandsetzung und Aufbereitung der Medizinprodukte.**
>
> **Damit sind Arztpraxen im Falle haftungsrechtlicher Konsequenzen u. a. verpflichtet, den Nachweis darüber zu erbringen, dass die mit der Aufbereitung betrauten Mitarbeiterinnen über die vom RKI empfohlene Sachkenntnis verfügen.**

- **Was heißt das konkret?**

Das RKI teilt die Medizinprodukte in Risikostufen, die sich aus der Art der Verwendung ergeben:

> **Definition**
> **Unkritische Instrumente**
> Instrumente, die nur mit intakter Haut in Berührung kommen (z. B. EKG-Elektroden).
>
> **Semikritische Instrumente**
> Instrumente, die mit Schleimhaut oder krankhafter Haut in Berührung kommen.
> **Gruppe A:** Die konstruktiven und materialtechnischen Details stellen keine besonderen Anforderungen an die Aufbereitung (z. B. Spekulum).
> ▼

> **Gruppe B:** Die konstruktiven und materialtechnischen Details stellen erhöhte Anforderungen an die Aufbereitung (z. B. flexible Endoskope).
>
> **Kritische Instrumente**
> Instrumente, die zur Anwendung von Blut, Blutprodukten und anderen sterilen Arzneimitteln eingesetzt werden, und Instrumente, die die Haut oder Schleimhaut durchdringen und dabei in Kontakt mit Blut, inneren Geweben (einschl. Wunden) oder Organen kommen.
> **Gruppe A:** Die konstruktiven und materialtechnischen Details stellen keine besonderen Anforderungen an die Aufbereitung (z. B. Wundhaken).
> **Gruppe B:** Die konstruktiven und materialtechnischen Details stellen erhöhte Anforderungen an die Aufbereitung (z. B. MIC-Trokar, Arthroskope).
> **Gruppe C:** Konstruktive und materialtechnische Details stellen besonders hohe Anforderungen an die Aufbereitung (z. B. thermolabile kritische Produkte).

An die Aufbereitung werden erhöhte Anforderungen gestellt, wenn
- die Effektivität der Reinigung nicht unmittelbar durch Inspektion beurteilt werden kann (z. B. wegen langer, enger Lumina, Hohlräumen ohne Möglichkeit der Durchspülung, schlecht zugänglicher Oberflächen),
- die Aufbereitung (einschl. Transport) sich auf das Produkt und seine Materialeigenschaften auswirken und eine daraus folgende Beeinträchtigung der Anwendungs- und Funktionssicherheit nicht ausgeschlossen werden kann,
- die Anzahl der Anwendungen oder Aufbereitungszyklen durch den Hersteller begrenzt ist.

Für die Aufbereitung kritischer Instrumente der Gruppe C ist der Nachweis eines zertifizierten Qualitätsmanagementsystems für Medizinprodukte und einer spezifischen Risikoanalyse gefordert.

Die Aufbereitung kritischer Medizinprodukte der Gruppe B soll gem. RKI nur von Personen ausgeführt werden, die über eine anerkannte Ausbildung zum/zur Technischen Sterilgutassistent/in (TSA) verfügen. Nachweis für die notwendige Sachkenntnis ist daher das entsprechende Zertifikat.

Für die übrigen Risikostufen fordert das RKI qualifizierte und erfahrene Mitarbeiterinnen, ohne die Qualifikation eindeutig festzulegen. Hier liegt es letztlich im Ermessen der Praxisleitung, wie hoch sie das mit der Aufbereitung verbundene Risiko einschätzt. Je höher die Gefährdung des Patienten durch die verwendeten Instrumente ist, desto höher sind die Anforderungen an die Aufbereitung und damit an die Qualifikation der ausführenden Mitarbeiterinnen. Aus haftungsrechtlicher Sicht ist daher eine gründliche Risikobewertung und Einstufung der verwendeten Instrumente anhand der RKI-Risikostufen erforderlich.

- **Zur Risikominimierung dienen in jedem Fall:**
- Qualifizierte Hygieneschulungen (intern und extern)
- Standardisierte Abläufe bei der Reinigung, Desinfektion und Sterilisation
- Regelmäßige Überprüfung der ordnungsgemäßen Durchführung
- Beachtung der RKI-Empfehlungen zur Aufbereitung

Die Verwendung von Einmalmaterialien kann – nicht zuletzt aus Kostengründen – eine gute Alternative zur Wiederaufbereitung sein (▶ Kap. 5.4.2, Schritt 4).

Aushangpflichtige Bestimmungen

Aushangpflicht in der Praxis besteht zum Beispiel für:
- Unfallverhütungsvorschriften der BGW
- Röntgenverordnung (RöV)
- Mutterschutzverordnung (wenn mehr als drei Frauen beschäftigt sind)
- Jugendarbeitsschutzgesetz (wenn Jugendliche beschäftigt sind)
- Arbeitszeitverordnung
- Hygieneplan: Aufgaben müssen verteilt werden, regelmäßige Belehrung und Stichproben müssen vierteljährlich erfolgen, sind vorgeschrieben und können vom Ordnungsamt überprüft werden.

Behandlungspfade ...

beschreiben die Regelungen hinsichtlich der Abfolge und Terminierung von Maßnahmen, die bei Patienten mit einer bestimmten Symptomatik oder bei einer bestimmten Diagnostik oder Behandlung durchgeführt werden. Die Regelungen werden im Praxisteam mit allen jeweils beteiligten Funktionsbereichen unter Wahrung einer definierten Behandlungsqualität und unter Berücksichtigung der notwendigen und verfügbaren Ressourcen festgelegt. In die Regelungen werden medizinische Leitlinien, fachliche Standards und externe Vorgaben eingebunden.

Die spezifischen Aufgaben werden ebenso festgelegt wie die damit verbundenen Zuständigkeiten und Verantwortlichkeiten. Behandlungspfade dienen der Koordination und Steuerung berufsgruppen- und funktionsübergreifender Behandlungsabläufe (▶ Kap. 5.4.2, Schritt 11).

Beschwerdemanagement ...

ist ein systematischer Zusammenschluss von Maßnahmen mit der Möglichkeit, eigene Organisationsmängel aufzudecken und dazu beizutragen, die Zufriedenheit der Patienten/Kunden zu steigern und langfristig zu sichern.

Im Qualitätsmanagement sieht man Reklamationen als Geschenk und als Chance, Fehler aufzudecken und Abläufe zu optimieren. Wer auf treue Kunden Wert legt, ignoriert Klagen und Beanstandungen nicht, sondern verwandelt Negatives in Positives im Sinne der Patientenorientierung und kontinuierlichen Verbesserung. Die Beschwerden werden genutzt und ausgewertet und als Hinweise auf Verbesserungspotenziale gesehen.

Ein systematisches Beschwerdemanagement braucht Rahmenbedingungen, wie z. B. Aufnahmebogen für Beschwerden, Umfrageprojekte, betriebliches Vorschlagswesen, sowie Mitarbeiterschulung und -motivation im professionellen Umgang mit Beschwerden. Konzepte für ein systematisches Beschwerdemanagement in der Arztpraxis sind Bestandteil eines kontinuierlichen Verbesserungsprozesses, wie es das QM vorsieht.

Mit einem Beschwerdemanagement zeigt die Praxis eine unternehmerische Grundhaltung zur Steigerung der Servicequalität, zur Wiederherstellung der Patienten- und Zuweiserzufriedenheit, zur Vermeidung und Reduzierung von Fehlern und zur Nutzung der Beschwerdeinformationen im Hinblick auf praxisbetriebliche Risiken und Chancen (▶ Kap. 5.4.2, Schritt 14).

Blutentnahmen ...

sind gemäß Abschnitt 3.2.3 BGR / TRBA 250 im Allgemeinen der Schutzstufe 2 zuzuordnen. Soweit hierbei mit besonderen Gefährdungen zu rechnen ist (z. B. in HIV-Schwerpunktpraxen oder bei fremdgefährdenden Patienten), sind gemäß Abschnitt 4.2.4 der Regel geeignete Verfahren und Systeme zu verwenden, die die Verletzungsgefahr minimieren.

Dies ist z. B. dann als gegeben zu betrachten, wenn das eingesetzte Entnahmesystem ein sicheres Zurückstecken der Kanüle in die Schutzhülle mit einer Hand erlaubt. Zur Risikominimierung tragen auch standardisierte Verfahren, zum Beispiel in Form einer Arbeitsanweisung, bei (▶ Kap. 5.4.2, Schritt 12; ▶ CD: 6 FB 05, 6 FB 06).

Checkliste

Kaum wegzudenken aus einem gut organisierten Praxismanagement ist das Instrument der Checkliste. In den Anforderungen des Gemeinsamen Bundesausschusses zum Qualitätsmanagement in der ambulanten Versorgung ist dieses Instrument ausdrücklich enthalten. In Checklisten sind zu genau bezeichneten Sachverhalten logisch abgeleitete und aus der Erfahrung gewonnene Prüffragen zusammengestellt. So wird das Vorgehen bei bestimmten Aufgabenstellungen Punkt für Punkt dokumentiert, zum Beispiel die Vorbereitung einer Wundversorgung oder einer Gastroskopie.

Effektive Einsatzmöglichkeiten sind beispielsweise auch die Kontrollen des Notfallkoffers, der Vorratshaltung und des Praxisbedarfs oder die Einarbeitung neuer Mitarbeiterinnen. Die systematische Abarbeitung stellt sicher, dass die Tätigkeiten einheitlich und vollständig ausgeführt werden. Dies hilft, Fehler zu vermeiden, und trägt zur Qualitätsoptimierung der Praxisabläufe bei.

Gerade bei der Ausbildung und als Trainingsinstrument für neue Mitarbeiterinnen sichern sie ein rasches Einarbeiten in die Standards der Praxis. Ihre Erstellung ist Teamarbeit, lässt sich hier doch wertvolles Know-how der Mitarbeiterinnen zu einem »Speicher der Erfahrung« bündeln. Außerdem ist die aktive Beteiligung aller Betroffenen und die Erweiterung der Entscheidungskompetenz die Basis für die Motivation bei der Einführung der Arbeitstechnik mit Checklisten (▶ Kap. 4).

Datensicherheit

Wurde noch in den achtziger Jahren heftig diskutiert, ob zwischen Arzt und Patient ein Bildschirm stehen darf, gehört die Informationstechnologie heute längst zur Standardausstattung der Arztpraxen. Damit verbunden sind allerdings nicht nur Effizienzgewinne. Dass selbst der amerikanische Geheimdienst seine Daten nicht vor unbefugtem Zugriff schützen konnte (Stichwort: Wikileaks), zeigt, welche Anstrengungen im Hinblick auf die Sicherheit der Daten notwendig sind.

Patientendaten sind hochsensible Daten, deren Schutz und Sicherheit einen hohen Stellenwert haben muss. Dies ist nicht nur eine rechtliche Verpflichtung, die sich unter anderem aus den Aufbewahrungspflichten ergibt. Auch die Funktionsfähigkeit der Praxisabläufe hängt zunehmend ganz unmittelbar mit der Funktionsfähigkeit der Praxis-EDV zusammen. Die damit verbundenen Anforderungen an die Datensicherheit sind vielfältig.

Die tägliche Sicherung aller Bewegungsdaten und regelmäßige Komplettsicherungen sind unverzichtbare Aufgabenstellungen. Klare Zuständigkeitsregelungen hierfür können zum Beispiel in Arbeitsplatzbeschreibungen festgeschrieben werden. Hier wird festgelegt, wer die Datensicherung zu welchem Zeitpunkt durchzuführen hat. Zu klären ist auch, wo die Datensicherungsbänder aufzubewahren sind. Für eine größtmögliche Sicherheit empfiehlt sich die Aufbewahrung außerhalb der Praxisräume, mindestens aber in einem feuerfesten Tresor.

Mindestens ebenso wichtig ist die Absicherung der elektronischen Daten gegen Einflüsse von außen, zum Beispiel Viren. Fragestellungen, die sich daraus ergeben, sind unter anderem (◘ Abb. 3.1):

- Ist das Praxisnetz ausreichend über eine Firewall und einen Virenschutz abgesichert?
- Wer darf externe Daten, zum Beispiel über Downloads aus dem Internet, über CD-ROM oder USB-Stick, in das Praxisnetz einbringen?
- Welche Prüfungen sind im Vorfeld erforderlich?
- Wer führt diese Prüfung durch?

Neben den elektronischen Daten sind auch die konventionellen Aufzeichnungen ausreichend gegen Verlust und Beschädigung zu schützen. Themen wie Brandschutz und Zugangsberechtigung zu Archiven spielen daher auch im Qualitätsmanagement eine wichtige Rolle.

Im Zusammenhang mit dem Einsatz von medizinischer Bild- und Dokumentationssoftware ist immer auch zu klären, ob es sich dabei um ein Medizinprodukt handelt. Dies ist immer dann der Fall, wenn sie für diagnostische und/oder therapeutische Zweck genutzt werden kann. Hier ist unbedingt darauf zu achten, dass die verwendete Software über eine CE-Kennzeichnung verfügt, an die eine vierstellige Kennnummer anschließt.

Ergebnisqualität ...

beschreibt neben der Prozess- und Strukturqualität eine Dimension der Qualität in der Arztpraxis. Sie beinhaltet das Ergebnis, d.h. die Erreichung der mit der Leistung verbundenen Ziele. Ergebnisqualität ist die wichtigste Dimension für die Evaluation der erbrachten Leistung in einer Einrichtung. Gemessen wird sie einerseits anhand objektiver Veränderungen wie dem Krankheitsbild, Symptomen oder Funktionswerten und weiteren medizinischen Qualitätsindikatoren, zum Beispiel Komplikations- und Infektionsraten oder Impfquoten (▶ Kap. 1.3).

Beurteilt werden aber auch nicht medizinische Erfolgskriterien wie die Zufriedenheit von Patienten oder Überweisern, die Patientensicherheit oder das Arbeitsklima und betriebswirtschaftliche Auswertungen.

Hinweise auf die Ergebnisqualität geben unter anderem Statistiken, Befragungen, Fehlerprotokolle, Geräte- oder Hygienekontrollen und Teambesprechungen. Die drei Ebenen der Qualität beeinflussen sich gegenseitig.

Das Praxisteam kann noch so motiviert dem Patienten eine gute Versorgung zukommen lassen. Wenn die organisatorischen, strukturellen oder gesetzlichen

Checkliste zur Selbstbewertung

☐ Elektronische Daten werden täglich gesichert.

☐ Die Zuständigkeiten für die Datensicherheit sind festgelegt.

☐ Die Datensicherungsbänder werden geschützt und getrennt vom Server aufbewahrt.

☐ Das Praxisnetz ist gegen unbefugten Zugriff von außen geschützt.

☐ In konventionellen Archiven sind Feuerlöscher installiert.

☐ In der Praxis / im Serverraum ist ein CO_2-Feuerlöscher griffbereit.

☐ Firewall und Virenscanner sind installiert und werden regelmäßig aktualisiert.

☐ Es gibt klare Regelungen zum Einbringen von externen Daten in das Praxisnetz (USB-Stick etc.).

☐ Extern übermittelte Daten (z. B. bei Online-Abrechnung) unterliegen besonderen Absicherungen.

☐ Als Medizinprodukt deklarierte Software entspricht den MPG-Vorschriften (CE-Kennzeichnung).

Abb. 3.1 Datensicherheit

Rahmenbedingungen die Arbeit erschweren, beeinflusst dies nahezu zwangsläufig auch die Ergebnisqualität. Ebenso können noch so gute strukturelle Merkmale Defizite in der Prozessqualität nur zum Teil auffangen, was sich ebenfalls nachteilig auf die Ergebnisqualität auswirkt (▶ Kap. 1.2.2).

Evidence based medicine

Die evidenzbasierte Medizin (EbM) hat in den letzten Jahren auch in der Gesundheitsversorgung in Deutschland einen besonderen Stellenwert erlangt. In Einklang mit entsprechenden Entwicklungen in anderen Ländern hat sich der Begriff »evidenzbasiert« in vielen Diskussionen um das Qualitätsmanagement einen festen Platz erobert, wenn es um die wissenschaftliche Basis ärztlichen Entscheidens und Handelns geht.

Evidenzbasierte Medizin (EbM, von engl. »evidence-based medicine«: auf Beweismaterial gestützte Heilkunde) ist jede Form von medizinischer Behandlung, bei der patientenorientierte Entscheidungen ausdrücklich auf der Grundlage von nachgewiesener Wirksamkeit getroffen werden. Der Wirksamkeitsnachweis erfolgt dabei durch statistische Verfahren. Das Verbinden der evidenzbasierten Medizin und der täglichen Behandlung und Pflege von Patienten soll zu besseren Ergebnissen führen.

Die Definition des Deutschen Cochrane Zentrums für EbM:

> » EbM ist der gewissenhafte, ausdrückliche und vernünftige Gebrauch der gegenwärtig besten externen, wissenschaftlichen Evidenz für Entscheidungen in der medizinischen Versorgung individueller Patienten. Die Praxis der EbM bedeutet die Integration individueller klinischer Expertise mit der bestverfügbaren externen Evidenz aus systematischer Forschung. «

Das Deutsche Cochrane Zentrum repräsentiert die Cochrane Collaboration, internationales Netzwerk von Wissenschaftlern und Ärzten, das sich an den Grundsätzen der evidenzbasierten Medizin orientiert.

Das zentrale Ziel ist die Verbesserung der wissenschaftlichen Grundlagen für Entscheidungen im Gesundheitssystem. Dieses Ziel wird vor allem durch die Erstellung, Aktualisierung und Verbreitung systematischer Übersichtsarbeiten zur Bewertung von Therapien erreicht. Die Praxis der EbM erfordert Kenntnisse und Fertigkeiten in den entsprechenden Techniken und Ressourcen. Die Bundesärztekammer und die Kassenärztliche Bundesvereinigung haben in Zusammenarbeit mit der »Ärztlichen Zentralstelle Qualitätssicherung« (ÄZQ) und in Kooperation mit dem Deutschen Netzwerk Evidenzbasierte Medizin (DNEbM e.V.) das »Curriculum Evidenzbasierte Medizin« realisiert.

Weitere Infos:
- www.cochrane.de
- www.ebm-netzwerk.de
- www.bundesaerztekammer.de/page.asp?his=1.120.1116.3814 (Curriculum)

Fehlerkultur

Zur Erkennung, Analyse und Behebung suboptimaler oder fehlerhafter Prozesse im Praxisablauf bedarf es der Einführung einer offenen, vertrauensvollen Fehlerkultur. Fehler sind der unerwünschte Unterschied zwischen beobachteten, gemessenen oder berechneten Zuständen oder Vorgängen einerseits, und den wahren, festgelegten oder theoretisch korrekten Zuständen oder Vorgängen andererseits.

Im Qualitätsmanagement werden Fehler und Schwachstellen als Verbesserungspotenziale angesehen. Außer den Patienten und Praxisbesuchern sind die Mitarbeiterinnen die wichtigste Quelle, um derartige Verbesserungspotenziale aufzudecken. Voraussetzung hierfür ist ein offener Umgang mit Fehlern, bei dem nicht die Schuldzuweisung, sondern die Suche nach den Fehlerursachen im Vordergrund steht (▶ Kap. 2.3.4).

Gerätesicherheit

> **»Worst case« in der Patientenversorgung:**
> Nach einer Desensibilisierung kommt es zum anaphylaktischen Schock mit der Notwendigkeit einer Defibrillation. Ein Defibrillator ist in der Praxis vorhanden, erweist sich aber als nicht funktionstüchtig.

Zugegeben ein nicht alltäglicher Fall, aber dennoch ein durchaus gewichtiges Argument für regelmäßige Gerätekontrollen.

Neben der medizinischen Fachkompetenz ist die Gerätesicherheit in einer zunehmend technisch ausgerichteten Medizin ein nicht zu unterschätzender Qualitätsfaktor. Dem tragen auch die zahlreichen gesetzlichen Regelungen zum Umgang mit Geräten Rechnung. Den Maßstab im Zusammenhang mit der Anwendung von Medizingeräten setzt in erster Linie die Medizinprodukte-Betreiber-Verordnung (MPBetreibV).

Sie sieht unter anderem vor, dass alle medizinischen Geräte einer Betriebsstätte erfasst werden unter Angabe der genauen Gerätedaten und des Standortes. Festgelegt sind darüber hinaus die Anforderungen an die sicherheits- und messtechnischen Kontrollen sowie an die Qualifikation der Geräteanwender.

Ein systematisches Qualitätsmanagement wird diesen Anforderungen durch die Aufstellung eines Bestandsverzeichnisses gerecht, in dem alle eingesetzten Medizingeräte aufgeführt sind. Ein Wartungsplan hierzu legt die erforderlichen Wartungsintervalle und die Zuständigkeiten fest. Service- und Prüfberichte dienen der Nachweisführung. Die qualifizierte Einweisung aller Anwender in die Handhabung wird im Gerätebuch dokumentiert, so dass auch hierzu eine Nachweisführung jederzeit möglich ist. Die Maßnahmen verringern die mit den Geräten verbundenen Risiken und dienen gleichzeitig der Haftpflichtprophylaxe (◘ Abb. 3.2; ▶ Kap. 5.4.2, Schritt 5).

Haftpflichtprophylaxe

Ein Zusatznutzen aus Qualitätsmanagement ist die Vorbeugung vor Haftpflichtfällen. Im Sinne der Prophylaxe werden unnötige Risiken vermieden und juristischen Auseinandersetzungen wird vorgebeugt, zum Beispiel durch
- klare Zuordnung von Verantwortlichkeiten und Zuständigkeiten,
- eindeutige Klärung der delegierbaren Leistungen,
- Verhaltensregeln für Not- und Zwischenfällen,
- Kenntnis der Patientenrechte, systematische Aufklärung und Information von Patienten,
- Erwerb von Fähigkeiten und Kenntnissen (zum Beispiel Hygiene),
- die schriftliche Festlegung von Handlungsabläufen,

Checkliste zur Selbstbewertung

☐ Vor der Erstanwendung sind Funktionsprüfungen durchgeführt worden.

☐ Die Dokumentationen zu den Funktionsprüfungen liegen vor.

☐ Die Erstanwender sind vom Hersteller bzw. der Fachkraft eingewiesen worden.

☐ Die Einweisungsnachweise liegen vor.

☐ Weitere Anwender sind anhand der Bedienungsanleitung eingewiesen worden.

☐ Die Nachweise über die durchgeführten Einweisungen liegen für alle Anwender vor.

☐ Alle Medizingeräte sind in einem Bestandsverzeichnis aufgeführt.

☐ Wo erforderlich, sind Medizinproduktebücher für bestimmte Geräte angelegt worden.

☐ Die Medizingeräte werden nach den gesetzlichen Vorgaben gewartet.

☐ Die Wartungsnachweise liegen vor.

☐ Weitere notwendige Instandhaltungsmaßnahmen werden nachweislich durchgeführt.

Abb. 3.2 Gerätesicherheit

- Teambesprechungen mit schriftlichem Protokoll,
- das Abzeichnen von verantwortlich durchgeführten Tätigkeiten mit dem Namenskürzel,
- ein praxisinternes Beschwerdemanagement.

Zur QM-Arbeit gehört darüber hinaus die systematische Auseinandersetzung mit den gesetzlichen und sonstigen Vorgaben an die Leistungserbringung (Tab. 3.1). Die damit verbundene Identifikation vorhandener Schwachstellen und die nachfolgende Umsetzung notwendiger Maßnahmen verringern das Risiko eines Organisationsverschuldens, zum Beispiel im Bereich der Medizingeräte, der Hygiene oder des Arbeitsschutzes (▶ Kap. 2.3.3).

Hygiene

Hygienische Maßnahmen dienen der Patientensicherheit und auch dem Schutz des Praxisteams. Ein sorgsames Augenmerk auf das Hygienemanagement unterstützt daher immer auch die Haftpflichtprophylaxe.

Die Anforderungen an die Hygiene sind in einer Reihe rechtlicher Vorgaben fixiert. So konkretisiert die BG-Regel / TRBA 250 die gesetzlichen Vorgaben zum Schutz vor Infektionskrankheiten bei der Arbeit. Das Robert-Koch-Institut setzt mit seinen Empfehlungen an die Hygiene, zum Beispiel an die Aufbereitung von Medizinprodukten, ebenfalls klare Maßstäbe. Welche Anforderungen damit für die Praxis im Einzelfall verbunden sind, bestimmt sich nach den konkreten Hygienerisiken. Hieraus ergibt sich die Notwendigkeit, zunächst die praxisindividuellen Risiken zu beurteilen, die unter anderem abhängig sind von der Risikostufe der verwendeten Instrumentarien.

Je höher das mit der Anwendung verbundene Infektionsrisiko, desto höher ist die Risikostufe und desto höher sind die Anforderungen an die Aufbereitung und die Kompetenz des Personals, das mit der Ausführung beauftragt ist.

Ausgehend von den Ergebnissen der Risikobeurteilung und der Risikoeinstufung ist in einem Hygieneplan festzulegen, welche hygienischen Maßnahmen in der Praxis anfallen, wie und mit welchen Mitteln

Tab. 3.1 Rechtliche Grundlagen

Vorschrift	Umsetzung in der Praxis (nicht abschließende Beispiele)
Abrechnungsvorschriften	Strikte Trennung IGeL und GKV, IGeL-Behandlungsvertrag
Arbeitsstättenverordnung (Beachte: Neufassung von 2010)	Technische Sicherheit, hygienische Sicherheit, Feuerlöscheinrichtung, Aufstellen eines Flucht-/Rettungsplanes einschl. Einüben der Inhalte (z. B. Notfallübung, Gefährdungsbeurteilung
Arbeitsschutzgesetz	Gefährdungsbeurteilung der Arbeitsplätze, Gesundheitsschutzunterweisung, Sicherheitsunterweisungen (z. B. Brandschutz), Ermöglichung arbeitsmedizinischer Untersuchungen
Arbeitssicherheitsgesetz	Bestellung eines Betriebsarztes und einer Fachkraft für Arbeitssicherheit, Arbeitsschutzausschuss bei mehr als 20 Beschäftigten Arbeitsmedizinische Vorsorgeuntersuchungen, Impfangebot
Bundesdatenschutzgesetz	Benennung eines Datenschutzbeauftragten (ab 10 Beschäftigten), Dienstanweisung zum Datenschutz, Verschwiegenheitserklärung, regelmäßige Datenschutzunterweisung
Gefahrstoffverordnung (Beachte: Neufassung von 2010)	Gefahrstoffverzeichnis, Betriebsanweisungen für Gefahrstoffe, regelmäßige Unterweisungen
Infektionsschutzgesetz (Beachte: Neufassung von 2011)	Meldung meldepflichtiger Krankheiten, Hygieneplan
Jugendschutzgesetz	Eingangsuntersuchung, Durchführung von Tätigkeiten mit Infektionsgefährdung (z. B. Aufbereitung) nur unter Anleitung
Medizinprodukte-Betreiberverordnung	Führen eines Bestandsverzeichnisses, Führen von Medizinproduktebüchern, sicherheits- und messtechnische Kontrollen, Schulung der Anwender
Medizinprodukte-Sicherheitsplanverordnung	Meldung von Vorkommnissen bei der Anwendung von Medizingeräten (DIMDI-Formblatt)
Mutterschutzgesetz	Keine Durchführung von Tätigkeiten mit Infektionsgefährdung
Röntgenverordnung	Geräteverwaltung, Konstanzprüfungen, Strahlenschutzbeauftragte(r), Strahlenschutzbelehrungen, Strahlenanamnesen, Bestrahlungsplan
SGB V	Einführung von Qualitätsmanagement, regelmäßige Fortbildung
SGB VII	Sicherheitsbeauftragte (intern) bei mehr als 20 Beschäftigten
Transfusionsgesetz	Bestellung eines Transfusionsverantwortlichen, Bestellung eines qualifizierten Transfusionsbeauftragten, Dokumentation

sie auszuführen sind und wer dafür jeweils zuständig ist. In Bezug auf die eingesetzten Desinfektionsmittel muss der Hygieneplan Angaben über die genaue Konzentration und Einwirkzeit enthalten.

Ebenso wichtig wie der Hygieneplan ist die Unterweisung des Praxisteams zu den Anforderungen an die Hygiene. Entsprechende Kompetenzschulungen geben hier wertvolle Unterstützung und vermitteln die Grundkenntnisse über gesetzliche Vorgaben. Daneben sollte in regelmäßigen Teambesprechungen und mit praktischen Übungen das Hygienewissen praxisintern auf dem neuesten Stand gehalten werden (◘ Abb. 3.3; ► Kap. 5.4.2, Schritt 4).

Interne Regelung

Im QM-Modell QEP® werden Arbeitsanweisungen und Verfahrensanweisungen unter dem Oberbegriff »Ablaufbeschreibung« zusammengefasst. Im Qualitätsziel-Katalog wird für die Erfüllung von Zielen der Nachweis sogenannter »Interner Regelungen« (Abkürzung »IR«) gefordert.

Es wird unterschieden zwischen Internen Regelungen, die als gelebtes Qualitätsmanagement nicht ausdrücklich schriftlich fixiert sind (z. B. pünktlicher Arbeitsbeginn zu einer vereinbarten Uhrzeit oder das Tragen einer einheitlichen Dienstkleidung), und ex-

Checkliste zur Selbstbewertung

☐ Für die Praxis wurde eine Risikobeurteilung im Hinblick auf die Hygiene durchgeführt (▶ CD: 7c).

☐ Ein Hygieneplan hängt aus.

☐ Die Zuständigkeiten für Reinigungs- und Desinfektionsmaßnahme sind im Hygieneplan festgelegt.

☐ Der Hygieneplan enthält die in der Praxis verwendeten Desinfektionsmittel.

☐ Zu den Desinfektionsmitteln sind Konzentration und Einwirkzeit festgelegt.

☐ Die mit der Aufbereitung beauftragten Mitarbeiterinnen sind entsprechend qualifiziert.

☐ Es finden regelmäßige Hygieneunterweisungen durch, z. B. auch zur Händedesinfektion.

☐ Die Durchführung der Unterweisungen ist dokumentiert (z. B. Teilnehmerliste)

☐ Zur Sterilisation eingesetzte Geräte werden entsprechend den rechtlichen Vorgaben überprüft.

◻ Abb. 3.3 Hygiene

---

plizit schriftlich verfassten Internen Regelungen, bei denen Ablaufbeschreibungen in freier Form (Checklisten, Flussdiagramme, Tabellen etc.) beigefügt sind.

Neben dem Qualitätsziel-Katalog bietet das QEP®-Modell Musterdokumente für Interne Regelungen an.

Weitere Infos: www.kbv.de/qep

Kontinuierlicher Verbesserungsprozess (KVP)

Das Prinzip der kontinuierlichen Verbesserung (KVP) geht zurück auf die Unternehmensphilosophie von Deming, der Verbesserung als einen permanenten Prozess verstand, den er in dem sog. Deming-Kreis oder PDCA-Zyklus veranschaulichte. KVP wird mit gleicher inhaltlicher Bedeutung im englischen Sprachraum mit »Continous Improvement Process (CIP)« und in Japan mit »Kaizen« bezeichnet, was »Veränderung zum Besseren« bedeutet (◻ Abb. 3.4).

William Edwards Deming war ein US-amerikanischer Physiker, Statistiker sowie Wirtschaftspionier im Bereich des Qualitätsmanagements. Er entwickelte ab den 1940er Jahren die prozessorientierte Sicht auf die Tätigkeiten eines Unternehmens, die später auch Eingang in die diversen Qualitätsnormen und Qualitätsmanagementlehren fand.

Das Kürzel KVP ist sozusagen das »Herz« eines erfolgreichen Qualitätsmanagements. Im Unterschied zur Qualitätssicherung, bei der es darum geht, ein hohes Niveau zu halten, hat Qualitätsmanagement das Ziel, die Qualität beständig zu verbessern. Das

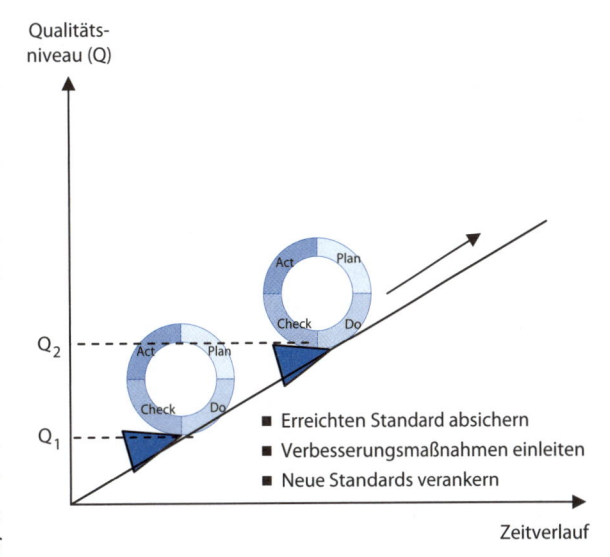

◻ Abb. 3.4 Kontinuierlicher Verbesserungsprozess

bedeutet natürlich nicht immer nur Optimierung der Arbeitsabläufe und Strukturen, sondern KVP kann auch Vereinfachung oder »Verschlankung« bedeuten.

Laufzettel

Laufzettel sind Formulare, auf denen die Anordnungen des Arztes nach der Untersuchung oder Visite notiert und ausgedruckt werden (z. B. Blutentnahme, Labor, Röntgen, Konsilium, Endoskopie). Sie dienen zur Optimierung des Praxisablaufes. Ist eine Maßnahme erledigt, wird sie entsprechend auf dem Formular abgehakt. Damit wird vermeidbarem Ärger vorgebeugt:

Rückfragen zu Vorgängen, die eigentlich längst geklärt waren (z. B. war beim Patienten Meyer noch ein Blutzuckerbelastungstest angeordnet, und bei Frau Michels sollte noch dringend ein Kreislauftest für das Versicherungsgutachten gemacht werden), erübrigen sich. Wird der Auftrag nur mündlich erteilt, wird er schnell vergessen, und der Patient muss neu einbestellt werden.

Zur Verbesserung der Prozess- und Ergebnisqualität erstellt die Arzthelferin per vorgefertigter EDV-Maske individuelle Laufzettel, die den Patienten bis zum Befund-Abschlussgespräch begleiten.

Viele Ärzte bieten ihren Patienten z. B. für Impf- und Vorsorgetermine, aber auch für Laborkontrollen und Tumornachsorge einen Erinnerungsservice an.

Leitbild

Ein Praxis-Leitbild bzw. ein Motto beschreibt die Verhaltenskultur des Praxisteams untereinander und gegenüber den Patienten/Kunden der Arztpraxis. Es beinhaltet gemeinsam formulierte Grundsätze und Leitlinien, in denen die Unternehmenskultur und Praxisphilosophie für das gesamte Team verpflichtend festgelegt werden.

Das Leitbild sollte in möglichst genauen Aussagen das Praxisdenken und -handeln, die Qualitätsgrundsätze und die Einstellung zur Arbeit widerspiegeln. Es dient als »Richtschnur« für Mitarbeiter, Partner und Patienten. Die vereinbarten Verhaltensgrundsätze (»Praxis-Knigge«) gelten als interne verbindliche Leitlinien für die Kommunikation und den Umgang mit Beschwerden.

Die gemeinsame Erarbeitung schafft ein einheitliches Qualitätsverständnis. Dies fördert die Motivation und ist der Ansporn für eine kontinuierliche Verbesserungsarbeit. Erfahrungsgemäß präzisieren sich die im Leitbild festgehaltenen Leitgedanken im Laufe der Zeit und sollten dann geändert und angepasst werden (◘ Abb. 3.5; ► Kap. 2.3.5).

Materialwirtschaft

Verbrauchsmaterialien sind ein nicht unerheblicher Kosten- und auch Qualitätsfaktor der Arztpraxis, der gute Organisationsstrukturen fordert. Warum dies so ist, erleben Praxisleitungen immer dann, wenn teure Materialien verfallen und das hierfür aufgebrachte Geld buchstäblich im Mülleimer landet. Mindestens genauso ärgerlich ist es, wenn etwas fehlt, was dringend gebraucht wird. Und nicht korrekt einsortierte Materialien verursachen lästige Suchzeiten, im schlimmsten Fall liegt hierin die Ursache für folgenschwere Verwechslungen.

Nicht ohne Grund gehört die Materialwirtschaft daher zu den zentralen Prozessen, die es im Qualitätsmanagement zu regeln gilt. Als Regelungsinstrumente hierfür bieten sich zum Beispiel Verfahrensanweisungen und ergänzende Checklisten an. Die damit verbundene Standardisierung sichert eine gleichbleibend hohe, vom individuellen Erfahrungsstand einzelner Mitarbeiterinnen unabhängige Qualität im Bereich der Materialwirtschaft. In der Verfahrensanweisung werden neben den Zuständigkeiten und Befugnissen auch die einzelnen Handlungsschritte festgelegt, beginnend mit der Bedarfsermittlung über die Prüfung des Wareneingangs bis zur Einlagerung.

Checklisten unterstützen die korrekte Ermittlung des Bestellbedarfs. Hierin wird der praxisübliche Bestand gelistet mit Angaben der Mindestmengen, die immer vorrätig sein sollen. Hilfreich ist es, auch Höchstmengen anzugeben, die der Vorrat nicht überschreiten soll. Beide Mengenangaben ergeben sich aus den Erfahrungswerten der Praxis. Sie sollten von einer erfahrenen Mitarbeiterin in Zusammenarbeit mit der Praxisleitung festgelegt und bei Bedarf weiter optimiert bzw. an veränderte Bedingungen angepasst werden (► Kap. 5.4.2, Schritt 10).

> **Übung:**
>
> Formulieren Sie gemeinsam mit allen Teammitgliedern ein Leitbild für Ihre Praxis, in dem Sie Ihr Selbstverständnis als Arzt/Ärztin, ihr Verständnis von medizinischer und menschlicher Versorgungsqualität, ihre Erwartungen an die Arbeit im Team und ihre Grundsätze für den Umgang mit den Patienten formulieren, z. B. auch unter den Fragestellungen:
>
> — Was haben wir für Stärken?
> — Wie wollen wir als Praxis nach außen gesehen werden?
> — »Qualität ist, wenn …«
> — Wo können wir noch besser werden?
>
> ☐ ....
> ☐ ....
> ☐ ....
> ☐ ....
> ☐ ....
> ☐ ....

Abb. 3.5 Praxisleitbild

Medizinische Leitlinien …

sind gemäß einer Definition der Arbeitsgemeinschaft Wissenschaftlicher Medizinischer Fachgesellschaften (AWMF) »systematisch entwickelte Hilfen für Ärzte zur Entscheidungsfindung in spezifischen Situationen«. Sie beziehen sich auf den aktuellen Stand der Wissenschaft und auf praxisbewährte Verfahren.

Unterschieden werden in Abhängigkeit von dem zugrunde liegenden Konsensusverfahren die Entwicklungsstufen S1 bis S3. Die S3-Leitlinien haben einen systematischen Entwicklungsprozess durchlaufen und sind im Rahmen formeller Konsensverfahren verabschiedet worden. An der Entwicklung beteiligt sind Experten der betroffenen Fachgesellschaften und Verbände.

In der konkreten Behandlung des individuellen Patienten dienen die S3-Leitlinien als valide Handlungsempfehlung. Sie sind nicht rechtlich bindend. Weder begründen Abweichungen eine rechtliche Haftung noch befreit ihre Anwendung von möglichen Haftungsansprüchen. Dass in juristischen Auseinandersetzungen und Gutachterprüfungen die Frage nach der Leitlinienkonformität der gewählten Behandlungsmethode eine Rolle spielt, ist allerdings kaum auszuschließen.

Die Leitlinien der medizinischen Fachgesellschaften sind auch im Internet abrufbar, z. B. unter:
— www.degam.de
— www.awmf.de
— www.aezq.de

Medizinprodukt

Medizinprodukte sind gemäß Definition der relevanten EU-Richtlinie alle einzeln oder miteinander verbunden verwendeten Instrumente, Apparate, Vorrichtungen, Software, Stoffe oder anderen Gegenstände. Hierunter fallen insbesondere die in der Praxis zur Diagnostik und Therapie eingesetzten Geräte. Auch die vom Hersteller speziell zur Anwendung für diagnostische und/oder therapeutische Zwecke bestimmte und für ein einwandfreies Funktionieren des Medizinprodukts eingesetzte Software zählt zu den Medizinprodukten, wie bspw. Bild- und Dokumentationssoftware (z. B. PACS), sofern diese für diagnostische und/oder therapeutische Zwecke einsetzbar ist. Dies ist dann gegeben, wenn die Dokumentationssoftware Bild- und Befunddaten liefert, die dem Arzt dazu dienen, eine Diagnose bzw. einen Behandlungsplan zu erstellen oder zu überprüfen.

In diesen Fällen gelten für Software die gleichen Regelungen wie für Medizingeräte. Diese Regelungen sind im Medizinproduktegesetz (MPG) bzw. der Medizinprodukte-Betreiberverordnung (MPBetreibV) in deutsches Recht umgesetzt.

Die angebrachte CE-Kennzeichnung einschließlich der vierstelligen Kennnummer ist Gewähr dafür, dass das eingesetzte Medizinprodukt die geforderten Sicherheitsstandards erfüllt. Diese Kennzeichnung sollte daher bei der Anschaffung immer überprüft werden, um als Betreiber der im MPG geforderten Organisationsverantwortung gerecht zu werden.

> **Software als Medizinprodukt**
> Bild- und Dokumentationssoftware zählt zu den Medizinprodukten, sofern diese für diagnostische und/oder therapeutische Zwecke einsetzbar ist (z. B. PACS). Die Software unterliegt damit allen Vorgaben des Medizinproduktegesetzes.

Medizinprodukte-Betreiberverordnung (MPBetreibV)

Die Verordnung über das Errichten, Betreiben und Anwenden von Medizinprodukten regelt die konkreten Anforderungen, die sich aus dem Medizinproduktegesetz (MPG) für die Betreiber von Medizinprodukten ergeben.

Die Standards der ehemaligen Medizingeräteverordnung (MedGV) und der Eichordnung sind in diese Verordnung überführt und um die neuen Anforderungen aus EU-Richtlinien (siehe MPG) ergänzt worden. Geregelt sind insbesondere die Instandhaltung (§ 4), Funktionsprüfung vor Inbetriebnahme und Einweisung der Anwender (§ 5), die notwendigen sicherheits- und messtechnischen Kontrollen (§§ 6 und 11) und die Dokumentation (§ 7 Medizinproduktebuch, § 8 Bestandsverzeichnis).

Darüber hinaus wurde die Verpflichtung zur internen Qualitätssicherung und zur Teilnahme an Ringversuchen gemäß der Richtlinie der Bundesärztekammer zur Qualitätssicherung laboratoriumsmedizinischer Untersuchungen vom 24. August 2001 in geltendes Recht umgesetzt (§ 4a). § 4 greift die Empfehlungen des Robert-Koch-Institutes zur Aufbereitung von Medizinprodukten auf.

Namenskürzel

Arbeiten im Rahmen eines Qualitätsmanagements bedeutet auch: Die zuständige Arzthelferin zeichnet die erbrachte Arbeit (z. B. die Erstellung eines Ruhe-EKGs oder einer Lungenfunktionsprüfung) mit ihrem Namenskürzel ab. Diese Signatur ist sozusagen das Qualitätssiegel dafür, dass sie eine qualitativ hochwertige Arbeit abliefert.

Als interne Spielregel muss allen Teammitgliedern klar sein, dass das Abzeichnen mit dem eigenen Namenskürzel verbindlich nachweist, dass der vorgegebene Standard eingehalten wurde. In größeren Praxen empfiehlt es sich, eine Liste der verwendeten Namenskürzel zu erstellen und im QM-Handbuch abzuheften bzw. in der EDV abzuspeichern.

Notfallmanagement

Medizinische Notfälle sind in Arztpraxen keine Seltenheit und darauf vorbereitet zu sein, gehört zum Risikomanagement jeder Praxis. Im Notfall müssen alle Beteiligten genau wissen, was sie zu tun haben. Benötigte Hilfsmittel müssen am Platz und schnell verfügbar sein. Die beste Notfallausstattung ist jedoch wenig hilfreich, wenn sie nicht funktioniert, die Erfahrung im Umgang mit benötigten Gerätschaften fehlt oder Medikamente verfallen sind. Die damit verbundenen Anforderungen bestmöglich zu erfüllen, ist eine der Aufgaben im Qualitätsmanagement.

Welcher Regelungsbedarf im Einzelnen besteht, ist abhängig vom Leistungsspektrum und von der Struktur der Praxis. Was gehört zu einem praxisspezifischen Notfallkonzept? Das Notfallkonzept legt fest, wer im Notfall was wie zu tun hat und welche Meldewege einzuhalten sind. Darüber hinaus enthält es konkrete Handlungsanleitungen für spezifische Notfallsituationen.

Und weil im Notfall alles schnell und reibungslos ablaufen muss, sind regelmäßige Trainings und Unterweisungen des Praxisteams ein wichtiger Bestandteil des Konzeptes. Checklisten zur Notfallausstattung geben eine zusätzliche Sicherheit. Zusammen mit festgelegten Zuständigkeiten, einem definierten Turnus für die Überprüfung und klaren Prüfkriterien sichern sie die Handlungsfähigkeit im Notfall. So ist nichts dem Zufall überlassen und die Patientensicherheit auch in schwierigen Situationen des Praxisalltags gewährleistet (▶ Kap. 5.4.2, Schritt 3).

Organigramm

Das Organigramm ist eine graphische Darstellung in Form eines Organisationsschaubildes. Es gibt einen Überblick über die Verantwortlichkeiten, Aufgabenverteilung und Kommunikationsbeziehung aller Praxismitarbeiter, vor allem hinsichtlich ihrer Weisungsbefugnis (wem sind sie unter- bzw. überstellt?). Wichtige Spielregeln – im Sinne einer »Landkarte des Praxisunternehmens« – werden im Organigramm sichtbar:
- Verteilung betrieblicher Aufgaben
- Hierarchische Struktur und Weisungsbeziehung
- Personelle Besetzung

Die QM-Richtlinie fordert den Nachweis eines Praxis-Organigramms (▶ Kap. 5.4.2, Schritt 9).

PDCA-Zyklus

Der PDCA-Zyklus geht zurück auf den Qualitätsexperten Deming und wird daher auch als Deming-Zyklus bezeichnet (◘ Abb. 3.6). Hiernach soll sich die ständige Verbesserung qualitätsbestimmender Faktoren im Rahmen eines Kreislaufs vollziehen. Im QM ist dieser Kreislauf wichtig zur Prozessentwicklung und besteht aus den Phasen:

- **P – Plan (Planen):**

In der Planungsphase werden Ziele definiert und Maßnahmen zur Qualitätsverbesserung entwickelt.

- **D – Do (Durchführen):**

Für die geplanten Maßnahmen werden Standards/Kriterien festgelegt, nach denen gearbeitet werden soll.

- **C – Check (Prüfen):**

Die Maßnahmen werden hinsichtlich ihrer Zielwirksamkeit kontrolliert und bewertet (SOLL-IST-Vergleich)

- **A – Act (Verbessern):**

Auf Grundlage des Check-Ergebnisses werden eventuelle Korrektur- und Verbesserungsmaßnahmen eingeleitet.

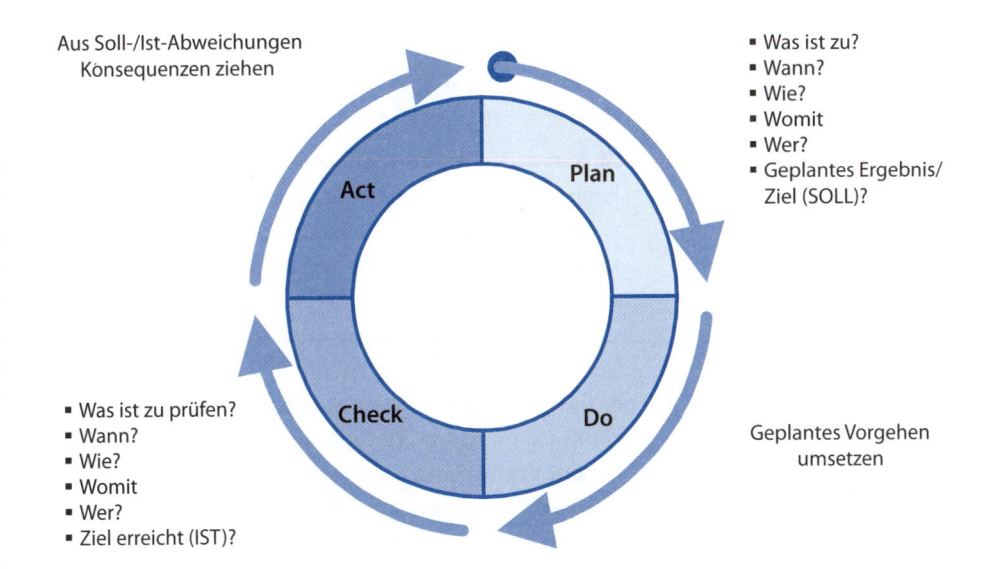

Aus Soll-/Ist-Abweichungen Konsequenzen ziehen

- Was ist zu?
- Wann?
- Wie?
- Womit
- Wer?
- Geplantes Ergebnis/ Ziel (SOLL)?

- Was ist zu prüfen?
- Wann?
- Wie?
- Womit
- Wer?
- Ziel erreicht (IST)?

Geplantes Vorgehen umsetzen

◘ Abb. 3.6 PDCA-Zyklus

Die letzte Phase »Act« bildet wiederum den Ausgangspunkt für ein erneutes Durchlaufen des Zyklus im Sinne eines kontinuierlichen Verbesserungsprozesses (KVP). Der PDCA-Zyklus ist ein Werkzeug innerhalb des Qualitätsmanagements, das aktiv genutzt werden sollte. So können z. B. konkrete Projekte wie die Einführung eines Recall-Systems oder bestimmter IGeL nach dem diesem Zyklus erfolgreich durchgeführt werden.

Die Abbildung des PDCA-Zyklus sollte bei den regelmäßigen Teambesprechungen genutzt werden, um diese zeitsparend und wirksam zu gestalten. Er wirkt auf das gesamte Unternehmen und ist daher vom Management anzustoßen.

Prozessqualität

Prozessqualität beschreibt den Grad, in dem die Praxisabläufe geeignet sind, die mit der Patientenversorgung verbundenen Aufgaben zu erfüllen und die gesetzten Ziele zu erreichen. Angesprochen sind hier die Eigenschaften der Kernprozesse (z. B. Therapie, Diagnostik, Beratung) und der unterstützenden Prozesse (z. B. Verwaltung, Materialwirtschaft, Fort- und Weiterbildung) sowie deren Effektivität und Abstimmung untereinander.

Um die Prozessqualität zu erfassen und letztendlich zu messen, schaut man sich an, ob die Patientenversorgung systematisch erfolgt und ob die gesetzten Ziele mit der gegebenen Ablauforganisation effektiv erreicht werden. Dies geschieht mit Hilfe von Checklisten, Protokollen und Datenerfassungen zum Beispiel zur Wartezeit, zu Untersuchungshäufigkeiten oder zur Verfügbarkeit von Akten und Daten.

Auch eine strukturierte Selbstbewertung anhand im Vorfeld festgelegter Ziele und konkreter Indikatoren bezüglich der Zielerreichung kann wertvolle Hinweise auf die Prozessqualität geben (▶ Kap. 1.2.2).

QM-Modelle

Zur Darstellung und Bewertung ihres Qualitätsmanagements kann sich die Arztpraxis an einer Reihe unterschiedlicher Modelle orientieren. Zu nennen sind hier insbesondere die DIN EN ISO 9001 und mehrere speziell für den Niedergelassenenbereich entwickelte Bewertungsverfahren wie zum Beispiel QEP®, KTQ® und EPA (▶ Kap. 2.5).

Die ISO-Qualitätsnorm beschreibt branchenübergreifend die grundlegenden Anforderungen an ein QM-System, wobei der systemorientierte Ansatz charakteristisch ist. Ausgangspunkt der Bewertung ist die Identifikation aller Unternehmensabläufe einschließlich ihrer Wechselwirkungen und Schnittstellen, ihrer Einbindung in die Gesamtorganisation und ihrer Ausrichtung an den übergeordneten Unternehmenszielen.

Demgegenüber beinhalten die spezifischen Bewertungsverfahren konkrete Fragestellungen und Indikatoren in Bezug auf definierte Abläufe und Aufgabenstellungen in der Arztpraxis. Der Vorteil dieser Verfahren gegenüber der ISO-Norm ist die leichte Verständlichkeit und die unmittelbare Anwendbarkeit auf die Praxisabläufe. In der Regel werden zudem ergänzende Umsetzungshilfen angeboten. Ein Nachteil kann sich daraus ergeben, dass die strikte Abarbeitung von Einzelfragen und gezielten Dokumentationsanforderungen vergleichsweise wenig Gestaltungsspielraum lässt.

Der Gemeinsame Bundesausschuss hat sich in seiner Richtlinie zu den Anforderungen an das Qualitätsmanagement in Arztpraxen auf kein bestimmtes Modell festgelegt. Er hat lediglich Grundelemente und Instrumente des Qualitätsmanagements festgelegt, die in den Bereichen Patientenversorgung, Praxisführung, Mitarbeiter und Organisation anzuwenden sind. Ein richtlinienkonformes Qualitätsmanagement ist daher nicht zwingend mit der Orientierung an einem bestimmten QM-Modell verbunden.

Qualitätsziele

Ziele sind, auf der persönlichen wie auf der beruflichen Ebene, Motor für Entwicklung. Und da Qualität auch viel mit dem Erreichen von vorher festgesetzten Zielen zu tun hat, ist die Formulierung von Qualitätszielen ein zentraler Bestandteil des Qualitätsmanagements.

Ausgangspunkt hierfür ist eine Selbstbewertung (▶ Kap. 5.3) im Hinblick auf die unterschiedlichen Anforderungen. Nach dieser Statusbestimmung wird gemeinsam im Team der angestrebte Soll-Zustand entwickelt und definiert, z. B. »Wir wollen medizinisch, technisch, qualitativ und kommunikativ immer auf dem neuesten Stand sein«.

Hiermit erkläre ich mich einverstanden, von meiner hausärztlichen [oder andere Fachrichtung einsetzen] Arztpraxis an folgende Termine erinnert zu werden:

☐ Nachuntersuchungen

☐ Impfungen

☐ Ultraschallkontrollen

☐ Laborkontrollen

☐ Krebsvor-/-nachsorge

☐ Augeninnendruckmessung

☐ Andere:

☐ **Ich möchte erinnert werden:**

☐ telefonisch

☐ schriftlich

☐ per Fax

☐ per E-Mail

☐ per SMS

☐ Folgende Service-Leistungen möchte ich in Anspruch nehmen:

....

....

....

_____   _____
(Unterschrift des Patienten)   (Datum)

Abb. 3.7 Musterformular im Recall-System

Jede derart abstrakte Zielaussage bleibt jedoch ohne Wirkung, wenn sie nicht in konkrete Qualitätsziele und Maßnahmen umgesetzt wird. Für Qualitätsziele gilt daher die sogenannte SMART-Regel, die sicherstellt, dass die Zielerreichung nachgeprüft und auch eingefordert werden kann:
— **S**pezifisch
— **M**essbar
— **A**ktionsfähig
— **R**ealistisch
— **T**erminierbar

Ziele, mit denen die oben formulierte übergeordnete Zielaussage konkretisiert wird, könnten zum Beispiel sein »Innerhalb des nächsten halben Jahres soll eine Mitarbeiterin an einer Hygiene-Kompetenzschulung teilnehmen« oder »Die durchschnittliche Wartezeit soll bis zum ... um 15 Minuten verringert werden«.

Recall-Aktionen

Zur Verbesserung der Qualität der Patientenversorgung und zur Sicherung der Compliance haben sich vom beruflichen Standesrecht des Arztes erlaubte Betreuungsprogramme bewährt, die Arzthelferinnen verantwortlich einführen können.

Bei einem Recall-System (Recall: engl. zurückrufen, sich erinnern an) in der Arztpraxis werden Patienten mit deren Einverständnis an bestimmte wichtige Termine oder Untersuchungen telefonisch, schriftlich oder per SMS erinnert, oder sie erhalten – vorher abgesprochene – Serviceleistungen wie ein Verhaltensrezept, einen Gesundheitsbrief oder Einladungen zu Praxisseminaren (Abb. 3.7). Erinnerungssysteme lassen sich manuell (z. B. mit Hilfe einer Memothek) oder per EDV umsetzen. Betreuungsprogramme unterstützen aktiv das Qualitätsmanagement der Arztpraxis!

Ein professionelles Recall-System dient
- der Pflege und Bindung von Stammpatienten,
- unter den Vorgaben des Wirtschaftlichkeitsgebots auch der Leistungssteigerung und damit verbunden dem wirtschaftlichen Nutzen der Arztpraxis,
- der Verbesserung der Ergebnisqualität (Patientenzufriedenheit, Compliance und Sicherung
- der Therapie).

Aus juristischen und berufsrechtlichen Gründen sollte unbedingt sichergestellt sein (durch Unterschrift, durch Dokumentation), dass der Patient mit der Aufnahme in ein Recall-System einverstanden ist.

Risikomanagement

Die Praxistätigkeit ist untrennbar mit dem Eingehen von Risiken verbunden. Immer stellt sich aber die Frage, welche dieser Risiken akzeptabel und welche inakzeptabel sind. Zentrale Aufgabenstellung des Risikomanagements ist es daher, die praxisspezifischen Risiken zu identifizieren, sie zu bewerten und Maßnahmen zu ihrer Minimierung zu ergreifen.

Die Identifikation von Risiken wird unterstützt durch Instrumente, die auch im Qualitätsmanagement angewendet werden. So verdeutlichen Flussdiagramme, an welcher Stelle eines Ablaufs Schwachstellen oder Abhängigkeiten bestehen, die potenzielle Risiken beinhalten.

In Checklisten können Einzelrisiken und/oder risikoauslösende Faktoren aufgeführt werden, beispielsweise zu den Themen Hygiene, Geräte oder Datenschutz. Anhand der einzelnen Punkte dieser Checkliste werden die betroffenen Bereiche auf ihre Sicherheit hin überprüft.

Interne Audits – das ist eine spezielle Form der Selbstüberprüfung von Praxisabläufen – eignen sich ebenfalls zur Erfassung risikobehafteter Schwachstellen. Einen wesentlichen Beitrag zur Früherkennung vorhandener Risiken liefern auch Datenanalysen, etwa zu organisatorischen Sachverhalten wie Wartezeiten oder Erreichbarkeit, zu aufgetretenen Fehlern oder auch zu medizinischen Erfolgsindikatoren (▶ Kap. 1.3).

Hilfsmittel hierfür sind zum Beispiel Befragungen von Patienten, Mitarbeitern und Überweisern oder/und weitere gezielte Datensammlungen. Die aus den Ergebnissen abzuleitenden Maßnahmen richten sich in erster Linie nach der Eintrittswahrscheinlichkeit des festgestellten Risikos und nach der Schwere des entstehenden Schadens bei einem Eintritt des Risikos.

Stellenbeschreibungen

Während die Arbeitsplatzbeschreibung auflistet, welche Aufgaben in einem bestimmten Funktionsbereich zu erledigen sind, ist die Stellenbeschreibung auf eine bestimmte Person zugeschnitten. Sie ist von situationsgebundenen Tätigkeitslisten oder themenorientiertem Projektmanagement (wie z. B. im Rahmen von Qualitätsmanagement) zu unterscheiden.

Die Stellenbeschreibungen in einer Arztpraxis sind nötig, um die vorhandene Arbeit an die verschiedenen Arzthelferinnen zu verteilen. Die Stellenbeschreibung ist Bestandteil des Arbeitsvertrages und enthält
- das Anforderungsprofil,
- einen Katalog der Tätigkeiten,
- die Rangfolge (z. B. Erstkraft oder Qualitätsmanagementbeauftragte),
- die Auflistung des Verantwortungs- und Kompetenzbereiches,
- den Grad der Selbständigkeit (z. B. Unterschriftenregelung, Post- oder Kontovollmacht),
- die Weisungsbefugnis (wer ist ihr überstellt, wer ist ihr unterstellt),
- die Stellvertreterregelung,
- die Ziele der Stelle.

- **Beispiele für Stellenbezeichnungen (in Kopfzeile einfügen)**
- Leitende(r) Arzthelfer(in)
- Verwaltungsangestellte
- Springer-Funktion
- Paten für Auszubildende
- Arztsekretärin
- Teilzeitkraft für die Bereiche ....
- Verwaltungshelfer/in für Schreibdienst + Empfang
- Gesundheitsberaterin
- Arzt-Fachhelfer/in für die Arztassistenz bei ....
- Arzthelfer/in für die Funktionen von .... (detailliert aufführen)
- Leiter/in einer Leitstelle von vernetzten Praxen
- Qualitätsmanagementbeauftragte(r) (QMB)
- Hygienebeauftragte(r)

- Gerätebeauftragte(r)
- Laserschutzbeauftragte(r)
- Datenschutzbeauftragte(r)
- Notfall-Beauftragte(r)
- andere Bezeichnung
  ....

(vgl. ▶ Abschn. 5.4.2, Schritt 13)

Strukturqualität

Strukturqualität beschreibt neben der Prozess- und Ergebnisqualität einen wesentlichen Qualitätsaspekt der medizinischen Versorgung. Strukturqualität beschreibt den Grad, in dem die strukturellen Merkmale geeignet sind, die mit der Praxistätigkeit verbundenen Aufgaben zu erfüllen. Sie ist u. a. gekennzeichnet durch bauliche, technische und personelle Rahmenbedingungen. Darunter fallen zum Beispiel Gebäude, Lage, Räumlichkeiten und die technische Ausstattung der Praxis.

Weitere wesentliche Merkmale sind die Erreichbarkeit der Praxis (Telefon, Parkplätze, Internet etc.), die Qualifikation der Praxismitarbeiterinnen und der Aus-/Weiterbildungsstand des Arztes. Auch Faktoren wie Brandschutztechnik, Kennzeichnung von Fluchtwegen, finanzielle Mittel oder das Vorhandensein von Standards sind entsprechende Qualitätsfaktoren.

Darüber hinaus wird die Strukturqualität bestimmt durch die politischen und ökonomischen Faktoren, unter denen ärztliche Tätigkeit stattfindet. Die Strukturqualität beeinflusst maßgeblich das erreichbare Niveau der Prozess- und der Ergebnisqualität (▶ Kap. 1.2).

Teambesprechungen

Die tägliche Kurzbesprechung (»briefing«) ist notwendig als Kompass für den Tag. Was steht an? Wo könnte es Engpässe geben? Wie stellen wir uns auf eine unerwartete organisatorische Schwierigkeit ein? Es zählen Fakten, klare Anweisungen und eindeutige Absprachen.

Für die Feinabstimmung untereinander – insbesondere auch bei größeren Praxisteams –, aber auch zur Verbesserung der Kommunikation sind Teambesprechungen außerhalb der Routine erforderlich.

Teambesprechungen
- verbessern die Team-Arbeit und die interne Information,
- dienen der Kontaktpflege,
- fördern das WIR-Bewusstsein,
- motivieren zur Rücksichtnahme und Kollegialität,
- schaffen Ärger und Missverständnisse aus der Welt,
- bauen Ängste und Spannungen ab,
- zeigen dem Arzt, wie schwierig häufig die Rolle der Arzthelferin ist,
- zeigen der Arzthelferin, wie schwierig häufig die Rolle des Arztes ist.

Vorausgesetzt: Die Teambesprechungen haben eine klare Struktur.

Oberstes Ziel muss sein: Diskussionen müssen zu Ergebnissen führen. Ergebnisse müssen zu Taten führen. Der kleine Plausch beim Kaffee zwischendurch, das gemeinsame Essen aus besonderem Anlass – all das macht Sinn und fördert die bessere mitmenschliche Atmosphäre. Nur – das sind keine Teambesprechungen.

Teambesprechungen sind Arbeitsbesprechungen. Sie sollten den Teamgeist lebendig halten und auch der Zufuhr von Energie und Tatkraft dienen. Genauso wichtig: das Erarbeiten gemeinsamer Zielvorstellungen, damit alle wissen, wohin die Reise geht.

Ärztin und Arzt sollten klar ihre Vorstellungen vermitteln, wie die Arzthelferinnen fachlich und kompetent reagieren sollen, z. B. bei Notfällen, im Umgang mit schwierigen Patienten oder in der Umsetzung geforderter Qualitätsstandards.

- **Voraussetzungen für ein gutes Gelingen sind:**
- Regelmäßigkeit (die Teambesprechung sollte in regelmäßigen wiederkehrenden Zeitabständen durchgeführt werden)
- Zeitpunkt (innerhalb der Arbeitszeit)
- Diskussionsleitung/Moderation erforderlich (wechselnd, jedes Team-Mitglied sollte einmal eine Besprechung leiten)
- Tagesordnung (die wichtigsten Punkte schriftlich festlegen)
- Dauer (unbedingt vorher festlegen; nicht länger als eine Stunde)

Grundsätzlich sollten alle Mitarbeiter einer Praxis an diesen Besprechungen teilnehmen, auch die Azubis,

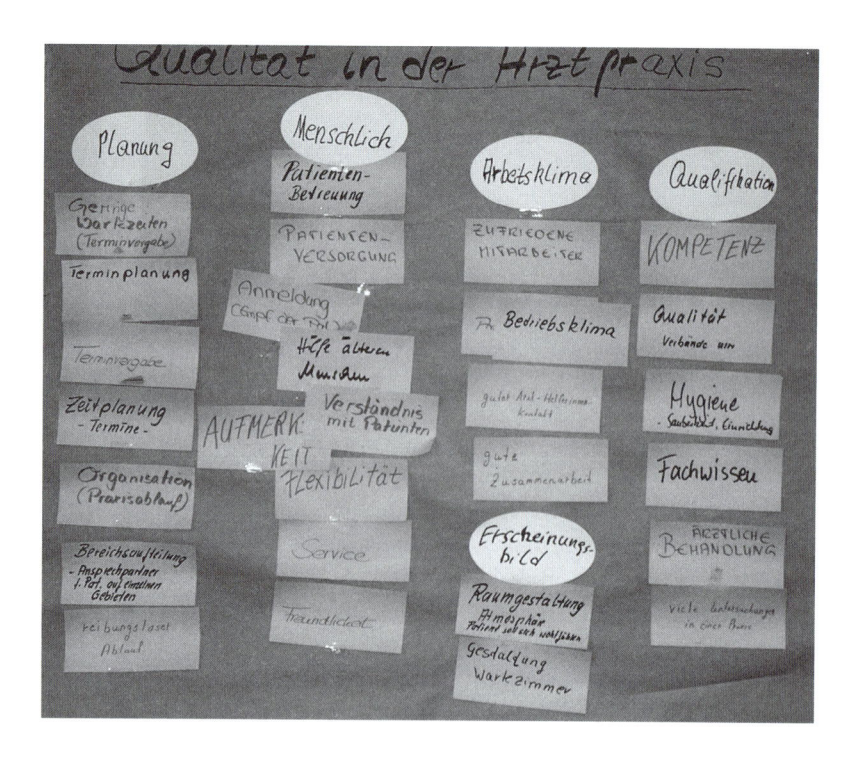

Abb. 3.8 Ideen sammeln und ordnen (»Brainstorming«)

auch die Reinigungskraft (außer bei patientenspezifischen Themen), auch die mitarbeitenden Arzt-Partner und die Praxissekretärin. Der Termin sollte frühzeitig im Terminbuch eingetragen und markiert werden. Teambesprechungen sollten keine »Meckerrunden« werden. Entscheidend ist, dass Aktivitäten abgestimmt werden.

Eine Spielregel sollte ganz besonders gelten: Stillschweigen ist Zustimmung! Wer nichts sagt, sollte sich hinterher nicht beklagen. Bei unterschiedlichen Auffassungen zu einem Thema, sollte demokratisch abgestimmt werden. Wichtig: ein Protokoll führen. Das enthält die besprochenen Tagesordnungspunkte, die Namen der Anwesenden und das Beschlussergebnis. So findet man bei der nächsten Besprechung leichter den Einstieg ins Gespräch.

Als Tagungsort eignet sich – wenn eine Teeküche oder ein Personalraum nicht vorhanden sind – auch das Wartezimmer. Die Vorbereitung kann auch hier mit einfachen Mitteln erfolgen. Wenn kein Flipchart vorhanden ist, notieren Sie die wichtigsten Punkte auf einem großen weißen Blatt, das für alle sichtbar dann an der Tür befestigt wird.

Es hat sich bewährt, einen »Zeitnehmer« zu bestimmen, der die Uhrzeit im Auge behält. Sinnvoll ist es, gemeinschaftlich Verhaltensregeln abzustimmen. Vor allem gilt:

- Nicht übererregt und empfindlich reagieren!
- Zuhören, andere nicht unterbrechen!
- Spannungen mildern durch Humor und Freundlichkeit!
- Die Besprechungsleitung muss dafür sorgen, dass jeder, der will, auch zu Wort kommt.
- Beim gewählten Thema bleiben!
- Gesprächsergebnis schriftlich festhalten!
- Nächsten Teambesprechungstermin festsetzen!

Teambesprechungen

Teambesprechungen stellen hohe Anforderungen an das Praxisteam, lohnen sich aber immer: Sie halten als interne Fortbildungsmaßnahme das Informationsniveau hoch, helfen Probleme zu lösen und verbessern die Qualität der Zusammenarbeit und des Zusammenlebens. Vor allem sorgen sie für die erfolgreiche Umsetzung der ärztlichen Praxisphilosophie und für das Erreichen der kurz- und mittelfristigen unternehmerischen Praxisziele.

Für kreative Schübe sorgen Ideen-Runden, das sogenannte »Brainstorming« (Abb. 3.8), zum Beispiel zu Fragestellungen wie:

Checkliste zur Selbstbewertung

☐ Das Team unterstützt die Vision (Leitbild, Praxisphilosophie) der Ärztin/des Arztes.

☐ Die Praxis-/Qualitätsziele sind klar formuliert.

☐ Die Bedeutung der Praxis- und Qualitätsziele ist allen klar.

☐ Die Ziele werden von allen akzeptiert.

☐ Es herrscht ein positives Betriebsklima.

☐ Spielregeln für den Umgang untereinander und für den Umgang mit den Patienten sind vereinbart.

☐ Es gibt ein WIR-Gefühl innerhalb des Praxisteams.

☐ Das Team ist in der Lage, Konflikte offen zu besprechen und Lösungen zu erarbeiten.

☐ Jede/r Einzelne wird von der Praxisleitung/vom Team unterstützt.

☐ Jeder kann seinen Beitrag leisten.

☐ Jeder Einzelne weiß, was von ihm in Bezug auf Team und Aufgabe erwartet wird.

☐ Jeder Einzelne fühlt sich als Mitglied des Teams.

☐ Es gibt Hinweise auf individuelle Weiterentwicklung.

Abb. 3.9 Teamwork

»Was wünschen sich Patienten von einer 3-Sterne-Praxis?«

»Was sind unsere 10 besonderen Stärken und wo gibt es Verbesserungspotenziale?«

»Was würde ich ändern, wenn ich morgen Chef dieser Praxis wäre?«

»Wie soll unsere Praxis in fünf Jahren arbeiten/aussehen, welches Image wollen wir haben?«

»Wenn wir mit unserer Praxis werben könnten, z. B. im Fernsehen, was würden wir besonders in den Mittelpunkt stellen?«

»Mit welchen Zusatzkenntnissen und Qualifikationen könnten die Arzthelferinnen neue Geschäftsfelder besetzen und die Arztpraxis noch erfolgreicher machen?«

Wichtig ist hier die Einhaltung der Brainstorming-Regeln: In der Phantasiephase können alle Ideen wahllos präsentiert werden ohne jede Wertung. Alle Gedanken werden aufgeschrieben, die Auswahlvorgänge und die sich daraus ergebenden Konsequenzen erfolgen erst hinterher.

Trauen Sie sich auch, ganz praktisch bestimmte Verhaltensweisen einzutrainieren. Verhaltenstraining (für gutes Telefonieren oder für den gekonnten Umgang mit Problem-Patienten) gelingt sehr gut im Rollenspiel, am besten mit Tonband- und Videoaufzeichnung (◘ Abb. 3.9; ► Kap. 5.4.2, Schritt 2).

Umfragen

> » Wenn du die Qualität einer Küche beurteilen willst, dann frage nicht den Koch, sondern diejenigen, die dort gegessen haben. « (Anonymus)

Befragungen können wertvolle Informationen zu Schwachstellen und Risiken liefern, die von der Praxis selbst noch gar nicht als solche wahrgenommen wurden. Damit das Ergebnis von Befragungen tatsächlich für Verbesserungen genutzt werden kann, sollten sie gut vorbereitet sein. Dies gilt sowohl für den Aufbau des Fragebogens als auch für seinen Inhalt. Ist der Bogen zu umfangreich, wird es manch einem schwer fallen, ihn zu beantworten. Ist er zu kurz, leidet darunter möglicherweise die Aussagefähigkeit.

Die Fragen selbst müssen ebenso verständlich und eindeutig formuliert sein, wie die vorgegebene Beurteilungsskala. Bei der Ausgestaltung des Fragebogens und auch bei der Organisation der Befragung kann daher eine kompetente, externe Unterstützung zu validen Befragungsergebnissen beitragen.

Wichtig ist aber in erster Linie, dass sich der Befragte ernst genommen fühlt. Voraussetzung dafür ist ein ehrliches und transparentes Verfahren. Ehrlich heißt, dass Fragen vermieden werden, die sich auf Sachverhalte beziehen, die nicht oder kaum beeinflusst werden können.

Dies gilt erst recht dann, wenn diese Sachverhalte auch ohne Befragung schon als Problem erkannt sind. So ist die Frage nach der Zufriedenheit mit der Wartezeit nur dann zu empfehlen, wenn die Praxis tatsächlich bereit und auch in der Lage ist, daran zu arbeiten. Andernfalls könnten vorhandene Unzufriedenheiten womöglich verstärkt werden. Transparent bedeutet, dass die Befragten eine Rückmeldung zum Ergebnis der Befragung und zu den daraus abgeleiteten Maßnahmen erhalten.

Die Ergebnisse von Umfragen sind Basis für die Optimierung der Versorgungsabläufe und dienen auch dem Aufbau interner Kontrollsysteme und der Bewertung der eigenen Arbeit (▶ Kap. 5.4.2, Schritt 8).

Qualitätsmanagement-Instrumente zur Beurteilung von Dienstleistungsqualität in der Arztpraxis sind unter anderem:
- Patientenbefragungen, Mitarbeiter-/Team-Befragungen
- Befragungen zuweisender Ärzte und umliegender Apotheken
- Befragungen von Praxisbesuchern, Lieferanten, Pharmareferenten

Mit Hilfe dieser Instrumente sollen die Grundprinzipien eines umfassenden Qualitätsmanagements wie Patientenorientierung, Einbindung aller Mitarbeiter sowie die ständige Prozessverbesserung analysiert werden.

Nach einer ersten Image-Analyse ist der Ist-Zustand (Status quo) zu erarbeiten und dem Praxisteam kenntlich zu machen. Die Auswertung und Ergebnisse von Frageaktionen sollten auch z. B. durch Aushang in den Praxisräumen den Patienten und Praxisbesuchern kenntlich gemacht werden.

■ **Patientenbefragungen**

Patientenbefragungen in der Arztpraxis sind immer ein Aha-Erlebnis: Der Patient als Kunde weiß am besten, wo es hakt. Patienten beurteilen Qualität in der Arztpraxis nach objektiven, subjektiven und gegebenenfalls emotionalen Beweggründen.

Das Urteil über Qualität ist dynamisch: Was gestern hervorragend war, kann heute Mittelmaß und morgen ungenügend sein! Deshalb ist die regelmäßige, begleitende Patientenbefragung ein wichtiger Bestandteil bei der Implementierung eines Qualitätsmanagement-Systems in der Arztpraxis.

Durch die Gestaltung des Fragebogens sollten Patienten nicht überfordert werden. Möglich sind
- die Abfrage und Bewertung nach Schulnoten oder
- erbetene Aussagen zu Hypothesen (Annahmen, Vermutungen).

Während bei der Beurteilung von Produktqualität Vergleiche zu anderen Bewertungskriterien noch relativ einfach sind, ist dies bei Dienstleistungen, wie die in einer Arztpraxis, deutlich schwieriger und kaum messbar. Die Wahrnehmung und wertende Einschätzung von Qualität durch den Patienten ist subjektiv bestimmt und höchst unterschiedlich ausgeprägt! Sie unterscheidet sich deutlich von technischen Systemen. Angaben zur Patientenzufriedenheit sind außerdem auch eine Frage des Anspruchsniveaus.

■ **Spielregeln für die Durchführung einer Patientenbefragung:**
- Rechtzeitig ankündigen (mündlich, durch Aushang)
- Beginn und Ende der Aktion festlegen
- In Teambesprechung und internem Qualitätszirkel Ziel der Befragung festlegen und Befragungsbogen entwickeln
- Verantwortlichkeiten festlegen
- Direkte Ansprache der Patienten
- Anonymität und Diskretion wahren
- Bettlägerige Patienten (Hausbesuchspatienten) in die Fragebogenaktion möglichst mit einschließen

- Systematische Auswertung
- Ergebnisprotokoll schreiben
- Auswertung den Patienten (z. B. durch Aushang) zugänglich machen

Eine Besonderheit ist die Befragung der bettlägerigen Hausbesuchspatienten und ihrer Familienangehörigen! Die Arzthelferin in ihrer besonderen Mittlerfunktion zwischen Arzt und Patient hat hierbei eine strategisch wichtige Position bei der Ankündigung und sorgfältigen und einfühlsamen Durchführung der Befragung!

Qualität in der Arztpraxis lebt von ständigen Verbesserungen und neuen Ideen im Sinne des kontinuierlichen Verbesserungsprozesses. Mit Hilfe von gezielten Fragebogenaktionen ist es möglich, die bewussten und unbewussten Wünsche und Bedürfnisse der Patienten herauszufinden. Ihre Ergebnisse dienen als ein Teil der sachlichen Informationen für weitere Qualitätsplanungen und zur Qualitätskontrolle, z. B. nach Einführung eines neuen Service- oder Therapie-Angebots.

Die Arzthelferin kann zur professionellen Durchführung von Patienten-Fragebogenaktionen für die Qualitätsverbesserung in der Arztpraxis hilfreiche Unterstützung geben, z. B.:
- Ankündigung der Aktion auf der Pinwand im Patientenaufenthaltsraum
- Gezielte Ansprache und Anregung der Patienten, bei der Aktion mitzuwirken
- Überwachung und zeitliche Begrenzung der Fragebogenaktion
- Auswertung und Evaluierung der Patienten- und Besucherbefragung

- **Mitarbeiterbefragung in der Praxis**

Zur Ist-Analyse und Verlaufskontrolle im Qualitätsmanagement gehören auch Befragungen der Arzthelferinnen und der übrigen Praxismitarbeiter
Befragungsinhalte könnten zum Beispiel sein:
- Ausmaß der Arbeitszufriedenheit
- Bewertung der Praxisführung
- Bindung an die Arztpraxis, Verpflichtung, Loyalität (Commitment)
- Bewertung des Betriebsklimas in der Arztpraxis
- Einstellung zum Qualitätsmanagement-Projekt
- Entwicklung einer Qualitätsdefinition für die Arztpraxis
- Patientenservice im Urteil der Praxismitarbeiter

- **Befragungen externer Kunden, zuweisender Ärzte, Praxisbesucher**

Praxisbesucher (z. B. Lieferanten, Pharmareferenten, technisches und Servicepersonal) zählen zu den externen Kunden und sind wichtige Meinungsbildner (Multiplikatoren), ebenso wie zuweisende Ärzte, die Sozialstation, die Ärzte und Mitarbeiter des MDK, die Teams der umliegenden Apotheken, Sanitätsfachgeschäfte, die Ambulanz-Sekretärinnen, Physiotherapeuten oder Selbsthilfegruppen. Die Arztpraxis hat mehr Kunden als zunächst angenommen!

Eine interessante Aufgabe für Arzthelferinnen ist: »Finden Sie einmal heraus, wer – außer unseren Patienten – mit unserer Praxis in Kontakt steht!« Im nächsten Schritt kann untersucht werden, wie häufig die Praxis mit den jeweiligen Personen und Institutionen in Kontakt steht, wie wichtig dieser Kontakt für die Arztpraxis ist, welche Kontakte zu wenig oder gar nicht gepflegt werden. Zur Analyse der Dienstleistungsqualität in der Arztpraxis ist die Meinung der Kunden, die keine (oder noch keine) Patienten sind, unbedingt einzuholen!

Verfahrensanweisungen

Verfahrensanweisungen sind ein Instrument des Qualitätsmanagements, das dazu dient, die Praxisabläufe strukturiert darzustellen und zu beschreiben. Angewendet werden sie auf klar abgrenzbare Abläufe, an denen mehrere Personen und Arbeitsbereiche beteiligt sind. Sie regeln die grobe Abfolge aller mit dem Ablauf im Zusammenhang stehenden Aktivitäten, legen die Zuständigkeiten insbesondere an den Schnittstellen fest und zeigen Wechselwirkungen mit anderen Abläufen auf.

An dem Prozess »Magenspiegelung« beispielsweise sind neben dem Arzt Mitarbeiterinnen beteiligt, die den Termin vergeben, den Patienten bei seiner Ankunft in der Praxis administrativ annehmen, ihn für die Untersuchung vorbereiten, bei der Untersuchung assistieren, den Patienten nach der Untersuchung überwachen und die nach der Untersuchung anfallenden weiteren Tätigkeiten übernehmen.

In einer Verfahrensanweisung hierzu würde festgelegt, wer wann welche Tätigkeit auszuführen hat, welche Informationen an wen weiterzugeben sind, welche Prüfmaßnahmen durchzuführen sind und welche weiteren Vorgaben, zum Beispiel zur Hygiene oder zu spezifischen Aufgabenstellungen, jeweils zu beachten sind.

Verfahrensanweisungen sollten immer gleich aufgebaut sein und mindestens folgende Fragestellungen beantworten: Welches Ziel wird mit der Verfahrensanweisung verfolgt bzw. wie soll das Ergebnis des hierin geregelten Ablaufs aussehen? Was ist der Geltungsbereich der Verfahrensanweisung? Wer ist verantwortlich für den Gesamtablauf? Wie ist der Ablauf geregelt und wer ist hier jeweils zuständig? Welche weiterführenden Unterlagen werden benötigt (Checklisten, Arbeitsanweisungen, Formulare etc.)? (▶ Kap. 5.4.2, Schritt 11)

Werkzeuge

Qualitätsmanagement ist in erster Linie ein Instrument der Unternehmensführung und der Organisationsentwicklung. Um dieses Instrument sinnvoll und gewinnbringend anzuwenden, stehen vielfältige Techniken und Werkzeuge zur Verfügung.

Im Vordergrund stehen dabei die strukturierten Handlungsanleitungen, zum Beispiel in Form von Verfahrensanweisungen, Checklisten oder Formblättern. Flussdiagramme (Flow Charts) sind ein geeignetes Instrument, um Schwachstellen, Engpässe und Abhängigkeiten im Ablauf der Praxisprozesse aufzuzeigen. In Organigrammen wird die Ablauforganisation graphisch und übersichtlich dargestellt.

Zur Ideensammlung bieten sich Kreativitätstechniken an. Am bekanntesten ist hier wohl das sogenannte Brainstorming, bei dem Ideen zunächst unkommentiert gesammelt und dann in einem zweiten Schritt lösungsorientiert geordnet werden. Diese Methode ist zum Beispiel gut geeignet, um Teambesprechungen zu strukturieren und zu steuern.

Befragungen werden im Qualitätsmanagement eingesetzt, um festzustellen, wie die Qualität der erbrachten Leistung aus Sicht der Betroffenen (Patienten, Mitarbeiter, Überweiser und andere Partner) beurteilt wird. Sie sind eine wertvolle Quelle zur Identifikation von Risiken und Verbesserungspotenzialen.

Gezielte Datenerfassungen können beim Fehlen elektronischer Möglichkeiten mit Hilfe von Datensammelblättern durchgeführt werden. Hierüber erhält man konkrete Zahlen und objektivierte Informationen zur Effektivität einzelner Prozesse, zum Beispiel der Terminvergabe.

Zertifizierung

Bei einer Zertifizierung bestätigt ein unparteiischer Dritter nach einem festgelegten Prüfverfahren schriftlich in einem Zertifikat, dass der überprüfte Sachverhalt in seiner Gesamtheit vorgeschriebene Anforderungen erfüllt. Für die Zertifizierung eines Qualitätsmanagements im Niedergelassenenbereich stehen unterschiedliche Verfahren zur Verfügung, die sich auf teils identische, teils spezifische Einzelforderungen beziehen. Sie sehen in der Regel eine dreijährige Laufzeit des Zertifikats vor. Nach Ablauf der drei Jahre muss das Prüfverfahren erneut durchlaufen werden, wenn das Zertifikat weiter aufrechterhalten werden soll.

Die Preise werden den einzelnen Zertifizierungsstellen von der für das Verfahren zuständigen Stelle vorgegeben. Die branchenübergreifend ausgerichtete Zertifizierung nach DIN EN ISO 9001 beinhaltet jährliche Überprüfungen. Die Zertifizierungsstellen sind in der Preisgestaltung weitgehend autonom. Hier sollte sehr genau auf eine Referenzliste geachtet werden und nach einer Akkreditierung für medizinische Einrichtungen gefragt werden.

Für die vertragsärztliche Versorgung hat der Gemeinsame Bundesausschuss die Anforderungen an das Qualitätsmanagement in einer Richtlinie festgelegt. Die Richtlinie fordert derzeit keine Zertifizierung und legt sich auch nicht auf ein bestimmtes Verfahren fest.

Arbeitstechnik mit Checklisten

Patienten haben ein ausgeprägtes Qualitätsbewusstsein und erwarten in einer Arztpraxis Sorgfalt und Professionalität. Ein hohes Leistungsniveau lässt sich auf Dauer nur halten, wenn die in der Praxis anfallenden Aufgaben detailliert beschrieben und die Zuständigkeiten und Verantwortlichkeiten klar festgelegt sind.

Dies ist auch die Grundlage für Arbeits- und Verfahrensanweisungen in einem Qualitätsmanagement-System (QM-System)!

Checklisten sind ein praktisches Organisations- und Hilfsmittel. Überall dort, wo es wichtige Aufgaben zu lösen und Qualität zu sichern gilt, sind sie unerlässlich. Sie helfen, die menschliche Arbeitsleistung effektiver und erfolgreicher zu gestalten.

Bei der Arbeitstechnik mit Checklisten geht es um eine systematische Dokumentation von in gleicher Weise wiederholbaren Vorgängen, die nach Maßgabe vorliegender Erfahrungen chronologisch aufgelistet werden. Checklisten sind sozusagen »Speicher der Erfahrung«.

Im Sinne des QM haben Checklisten die Aufgabe,
— eindeutige Regeln aufzustellen, z. B. für Zuständigkeiten und Verhaltensweisen Arbeitsabläufe detailliert und nachvollziehbar zu beschreiben,
— Prozess- und Ergebnisqualität selbst bei Routineaufgaben wiederholbar zu machen, d. h. sicherzustellen, dass Qualität nicht vom Zufall abhängt,
— die Arbeit transparent zu machen,
— eine kritische Auseinandersetzung mit dem eigenen Arbeitsverhalten zu bewirken.

> **Die Arbeitstechnik mit Checklisten hat viele Vorteile:**
> — Durch die gespeicherte Erfahrung wird Zeit gewonnen.
> — Checklisten garantieren einen höheren Grad an Sicherheit.
> — Es entfällt die Furcht, etwas vergessen zu können!
> — Checklisten führen zur besseren Konzentration auf das Wesentliche.
> — Die gründliche Überlegungsarbeit bei der Erstellung und Pflege von Checklisten deckt Fehlerquellen und Schwachstellen auf. Sie führt zur Steigerung der Effektivität durch kontinuierliche Verbesserung der Arbeitsabläufe.
> ▼
> — Mit Checklisten werden die wertvollen Kenntnisse von Arbeitsabläufen auch für die Fälle von Personalwechsel gesichert.
> — Checklisten ermöglichen die systematische Einarbeitung neuer Mitarbeiterinnen und Auszubildender. So wird sichergestellt, dass auch neue Mitarbeiterinnen oder Vertretungen Punkt für Punkt nach den vorgegebenen Standards arbeiten.

Checklisten werden immer für die Bereiche erstellt, wo es
— zu Fehlern und Schwächen im Arbeitsablauf und
— zu Schäden finanzieller, haftungsrechtlicher und imageschädigender Art kommen kann.

> **Checklisten erstellen ist Qualitäts- und Teamarbeit!**

Eine klare Information bei der Weitergabe von Aufgaben ist unerlässlich, wenn Arbeiten nicht nur zufriedenstellend, sondern qualitativ hochwertig, ziel- und ergebnisorientiert durchgeführt werden sollen.

Es hat sich bewährt, zur Einführung der Arbeitstechnik mit Checklisten eine Informations-Teambesprechung durchzuführen, um alle Mitarbeiterinnen von Anfang an in die Aktivitäten einzubeziehen. Die Grundlage ist die Entwicklung einer grundlegenden Qualitätsphilosophie, aus der jedes Team-Mitglied seine eigenen Qualitätsziele für das tägliche Arbeiten ableitet (▶ Kap. 2.3.5).

Da Praxismitarbeiterinnen die Qualität der internen Abläufe an Patienten vermitteln, reicht die bloße Regelung von Handlungsabläufen mit Hilfe von Checklisten jedoch nicht aus! Der Praxiserfolg wird letztlich nur gelingen, wenn alle im Team sich an den Prozessen aktiv beteiligen können. Das gilt insbesondere auch für die Mitwirkung an der Erstellung von Checklisten.

> **Eine Mitarbeiterin tut, was sie soll. Eine engagierte Mitarbeiterin tut, was sie kann!**

Der hohe Stellenwert der Mitarbeiterinnen bei der Erstellung von persönlichen Checklisten und die Notwendigkeit zur Anpassung an die besonderen Bedürfnisse und Anforderungen der eigenen Praxis sollen hier ausdrücklich betont werden. Am besten tut man sich im Team zusammen und erarbeitet unter Einsatz von Kreativitäts- und Ideenfindungstechniken die notwendigen Checklisten und Arbeitsanleitungen gemeinsam.

> **Die aktive Beteiligung aller Betroffenen und die Erweiterung der Entscheidungskompetenz ist die Basis für die Motivation bei der Einführung von QM und der Arbeitstechnik mit Checklisten.**

Das Anlegen einer Checkliste oder einer Arbeitsanweisung sollte methodisch nach dem »Zerhacker-Prinzip« erfolgen. Dabei wird die Gesamtaufgabe in verschiedene Teilaufgaben zerlegt, in Arbeitsschritte feingegliedert und letztlich Schritt für Schritt in konkrete Aktivitäten (wie etwas zu machen ist) aufgelistet, die einzeln abzuzeichnen sind.

Die entworfene Checkliste sollte in einem Probelauf getestet und bei Bedarf korrigiert werden. Bei der Vorstellung des Gesamtablaufs einer Checkliste muss man sich in die Lage desjenigen versetzen, der damit arbeiten soll – besser noch, die Betroffenen an der Checklisten-Entwicklung beteiligen!

Arbeitet das Praxisteam selbst aktiv bei der Erstellung der Checklisten mit, hat das drei Vorteile:
1. Die Mitarbeiter erkennen selbst eher Verbesserungsbedarf,
2. sie können angemessene Maßnahmen planen und
3. sie sind unmittelbar an deren Umsetzung beteiligt.

So wird die Selbstverantwortung gestärkt. Die Motivatoren »Selbstbestätigung, Anerkennung und Verantwortung« steigern die Zufriedenheit des gesamten Teams, was wiederum positive Auswirkungen auf das gesamte Arbeits- und Patientenumfeld mit sich bringt.

> **Jede Checkliste muss leben!**

Eine neue Checkliste ist nie von Anfang an perfekt. Nach jedem Einsatz neuer Checklisten sollten die kritischen Überlegungen der Mitarbeiterin, die damit gearbeitet hat, in eine neue Version mit einfließen.

Deshalb ist nach jedem Einsatz die Frage zu stellen: Ist die Checkliste inhaltlich noch verbesserungsfähig und lässt sie sich im Sinne der Arbeitserleichterung und Qualitätsverbesserung noch ergänzen, präzisieren oder abändern?

Keine Checkliste ist unfehlbar. Jede Praxis-Checkliste sollte in festgelegten Zeiträumen überprüft, angepasst oder ergänzt werden, um dem individuellen Zweck optimal zu entsprechen.

Die Checkliste der Checklisten!

Bevor die Checklisten-Technik in einem Arbeitsgebiet eingeführt wird, sollten einige grundsätzliche Überlegungen erfolgen:
- Welche Routineabläufe kommen in meinem Arbeitsbereich vor?
- Für welche Arbeitsabläufe würde eine Checkliste wirklich Entlastung und Resultatverbesserungen bringen?
- Welche schriftlichen Vorinformationen (z. B. handschriftliche Notizen, Herstellerhinweise, Bedienungsanleitungen, Musterformulare) habe ich schon zur Verfügung, die das Erstellen einer Checkliste erleichtern?
- Gibt es bereits Muster-Checklisten für einen Funktions- und Aufgabenbereich, die ich nutzen kann?
- Für welche kontrollbedürftigen Bereiche sollen Checklisten erarbeitet werden?
- Wer ist für die Erstellung und Pflege der Checklisten verantwortlich?
- Wer soll die Einarbeitung neuer und ungelernter Mitarbeiterinnen Schritt für Schritt nach den neuen Checklisten vornehmen?
- Sind die Kontrollintervalle bei den Checklisten festgelegt?
- Haben alle Checklisten einen Hinweis für das Abzeichnen mit Namenskürzel (bei Auszubildenden durch die zuständige Mitarbeiterin)?
- Sind die Checklisten-Originale zentral und griffsicher deponiert?

Beispiele für Checklisten

Die Einsatzmöglichkeiten von Checklisten in der Arztpraxis sind vielfältig:
- Checklisten zur Kontrolle von Ordnung/Sauberkeit in den Praxisräumen
- Checklisten über Mustertexte für den Anrufbeantworter
- Checklisten für die Einführung neuer Praxismitarbeiterinnen
- Checkliste zur Kontrolle von Terminplanung und Wartezeiten
- Checkliste zur Überprüfung von Diskretion, Datenschutz und Schweigepflicht
- Checkliste für den Notfallkoffer
- Checklisten für die standardisierte Vorbereitung von diagnostischen und therapeutischen Eingriffen (Langzeit-EKG, Rektoskopie, Venenverödung,

Aderlaß, Katheterisierung, Amnioszentese, kleine Wundversorgung)
- Checkliste zur Kontrolle von Terminen: Wartungstermine, Strahlenschutzuntersuchung, Abgabetermine KV
- Checkliste zur Postbearbeitung
- Checklisten zur Kontrolle der Patiententoilette, des Wartezimmers, der Rezeption, des Labors, der Behandlungsräume, des Sprechzimmers
- Checkliste zur Beherrschung von Notfallsituationen in der Praxis
- Checklisten zur Kontrolle der Vorratshaltung und des Praxisbedarfs

■ **Einsatzmöglichkeiten für Checklisten**

Checklisten in der Arztpraxis können eingesetzt werden
- für Routinearbeiten,
- für schwierige Arbeitsvorgänge,
- zur Einarbeitung,
- für Patienten,
- für Zuweiser,
- als Recall-Liste,
- als Tagesprotokoll,
- als Fehlerprotokoll,
- für IGeL-Angebote.

Organisations-Schemata nach dem Vorbild der Checkliste können für alle Bereiche in der Arztpraxis erstellt werden. Übergeordnet sind zu nennen:
- Praxisorganisation
- Personalführung
- Patientenumgang
- Arztassistenz
- Serviceleistungen
- Praxismarketing
- Abrechnung
- Selbstmanagement
- Spielregeln für Teamarbeit
- Als Ausbildungskarten

■ **Praktisches Arbeiten mit Checklisten**

Das Entwerfen von Checklisten ist eine mühevolle Kleinarbeit, die sich letztendlich aber lohnt. Zunächst sollte das Arbeitsteam auflisten, für welche kontrollbedürftigen Bereiche ein Bedarf besteht.

Nach einer groben Planung sollten dann die Kontrollintervalle (z. B. stündlich, zweimal täglich, täglich, monatlich, quartalsmäßig) festgelegt und die Zuständigkeit geklärt werden. Existiert z. B. eine Checkliste für die tägliche Kontrolle des Wartezimmers nach der Vormittags- und Nachmittagssprechstunde, dann arbeitet die zuständige Mitarbeiterin zweimal täglich nach einer Kopie dieser Liste, die sie nach Beendigung ihrer Tätigkeit mit ihrem Namenskürzel (sozusagen als »o.k.-Zeichen«) abzeichnet.

Die Checklisten können dann in einem Ordner abgelegt und nach einem festgelegten Zeitraum vernichtet werden. Die Original-Checklisten sollten zentral deponiert werden.

■■ **Bei der Ausbildung sind Checklisten unentbehrlich**

Nach anfänglicher täglicher Nachkontrolle der Arbeitsaufgaben der Auszubildenden durch die verantwortliche Mitarbeiterin/Arzthelferin, wird sich der persönliche Einsatz der Patin später auf stichprobenartige Kontrollen reduzieren.

Checklisten erziehen Neueinsteiger und Teilzeitkräfte frühzeitig zur Selbständigkeit und Sorgfalt, was wiederum Kosten- und Zeitersparnis bedeutet. Gerade die Neuen stehen zu Beginn ihrer Tätigkeit oft herum, weil es zu wenig Zeit zur Arbeitseinweisung und Anleitung gibt. Hier helfen kleine vorbereitete Azubi-Checklisten.

Im Laufe der Ausbildungszeit kann dann mit Hilfe von Checklisten das Arbeitsgebiet – entsprechend dem Ausbildungsplan – anspruchsvoller und schrittweise vergrößert werden. Gerade für schwierige Einzelaufgaben in der Lernphase, z. B. für die selbständige Arztassistenz bei diagnostischen Maßnahmen oder therapeutischen Eingriffen, sind Checklisten ein unentbehrliches Trainingsinstrument.

■■ **Checkliste als Trainingsinstrument**

Wer eine neue Kollegin einarbeiten will, damit sie möglichst rasch beispielsweise eine Gastroskopie vorbereiten kann, sollte beim ersten Mal die Neue einfach zuschauen lassen. Dann wird anhand der Gastroskopie-Checkliste Schritt für Schritt die Vorbereitung der Untersuchung, die Arztassistenz, die Versorgung des Patienten, die notwendigen Nacharbeiten bis hin zur Reinigung des Instrumentes und dem Versand der Histologie demonstriert.

Schon beim zweiten Mal sollte die neue Mitarbeiterin es selbständig übernehmen, die einzelnen Schritte oder Materialien nach Erledigung auf der Checkliste abzuhaken. Die erfahrene Mitarbeiterin bleibt, bis eine gewisse Routine sichergestellt ist, nur noch im Hintergrund. Schon bald wird der Arbeitsalltag zeigen, ob die erstellte Checkliste praktisch etwas taugt!

Die Qualität einer Checkliste zeigt sich nämlich in erster Linie daran, wie schnell eine neue oder noch ungeübte Mitarbeiterin selbständig und fehlerfrei damit arbeiten kann.

Je genauer, sorgfältiger und gewissenhafter eine Arbeitsliste erstellt worden ist, um so eher führt sie eine neue Mitarbeiterin zum eigenständigen Arbeiten.

- **Zusammenfassung**

Checklisten sind als standardisierte Vorbereitung ein Instrument zur Qualitätsoptimierung von Praxisabläufen. Die wesentlichen Vorteile sind:
- Systematische Durchführung von Arbeitsprozessen (sich wiederholenden Vorgängen)!
- Gedächtnisstütze (Entlastung des Denkens) im kontinuierlichen Streben nach dem Null-Fehler-Prinzip!
- Zeitgewinn durch Rationalisierung und Optimierung von Arbeitsabläufen!
- Höherer Grad von Sicherheit durch Know-how-Systematisierung!
- Verringerung der Kosten durch konsequente Fehleranalyse und Anpassung der Checkliste!
- Steigerung der Effektivität durch Vervollständigung und Beschleunigung aufgrund der Erfahrung mit dieser Arbeitstechnik!
- Juristische Sicherheit (Haftpflichtprophylaxe) durch Erfassen aller wichtigen Aspekte der Patientenbetreuung bei der Vorbereitung und Durchführung von medizinischen Maßnahmen!
- Praktische Hilfen bei der Schulung von neuen Mitarbeitern!
- Vereinfachung von Folgearbeiten bei der Einführung von Qualitätsmanagement (z. B. Patientenanweisungen, Funktionsbeschreibungen, Organigramme, Verfahrensanweisungen, QM-Handbuch, Vorbereitung auf die Zertifizierung)!
- Verbesserung der Motivation, des Selbstvertrauens und der Arbeitszufriedenheit durch aktives Mitwirken bei der Erstellung und Pflege von Checklisten!
- Kontinuierliche Verbesserungsmöglichkeit im Umfeld der täglichen Arbeit!
- Image-Gewinn der Praxis nach außen durch sicheres und professionelles Verhalten in außergewöhnlichen Situationen sowie in Notfall- und Routine-Situationen!

Leitfaden zur Umsetzung der QM-Richtlinie

5.1 Grundelemente aus dem Bereich der Patientenversorgung – 58

5.2 Grundelemente aus dem Bereich Praxisführung/Mitarbeiter/Organisation – 61

5.3 Selbstbewertung zum Stand und zur Weiterentwicklung des einrichtungsinternen Qualitätsmanagements – 68

5.4 QM leicht gemacht: Schritt für Schritt zum eigenen QM-Handbuch – 74

5.1 Grundelemente aus dem Bereich der Patientenversorgung

5.1.1 Ausrichtung an fachlichen Standards und Leitlinien entsprechend dem Stand der Wissenschaft

Die Ausrichtung der Patientenversorgung an den aktuellen fachlichen Standards und Leitlinien ist nicht erst seit In-Kraft-Treten der QM-Richtlinie Thema in der vertragsärztlichen Versorgung. Es ist schon immer Handlungsmaxime gewesen und als wesentlicher Qualitätsaspekt aus den Anforderungen an ein einrichtungsinternes Qualitätsmanagement nicht wegzudenken. Beispiele für fachliche Standards und Leitlinien sind:
- Richtlinien zur Qualitätssicherung in der medizinischen Versorgung
- Desease Management Programme
- Medizinische Leitlinien der Fachgesellschaften
- RKI-Richtlinien zu den Anforderungen an die Hygiene in Arztpraxen
- Medizinproduktegesetz und die daraus abgeleitete Medizinprodukte-Betreiberverordnung

5.1.2 Patientenorientierung, Patientensicherheit, Patientenmitwirkung, Patienteninformation, Patientenberatung

Patientenorientierung

Die Ausrichtung an den Erwartungen und Anforderungen der Empfänger einer Leistung gehört zum Wesen eines Qualitätsmanagements – unabhängig von der Branche, in der es angewendet wird. Im Allgemeinen wird dafür der Begriff der Kundenorientierung verwende. Um der Besonderheit des Arzt-Patientenverhältnisses gerecht zu werden, hat sich in der medizinischen Versorgung der Begriff der Patientenorientierung etabliert.

Gemeint sind die vom Patienten formulierten Erwartungen ebenso wie die Anforderungen an die Versorgung, die nur der Arzt mit seiner Fachkompetenz beurteilen kann. Um diese Erwartungen und Anforderungen zu ermitteln, stehen vielfältige Instrumente und Methoden zur Verfügung, wie sie auch im Qualitätsmanagement gefordert und erwartet werden. Hierzu gehören zum Beispiel:
- eine strukturierte, dokumentierte Anamneseerhebung,
- eine zielgerichtete Diagnostik,
- eine systematische Erfassung und Bearbeitung von Beschwerden zu von Patienten wahrgenommenen Kritikpunkten innerhalb der Praxis,
- Patientenbefragungen zur Zufriedenheit mit der Praxis und der angebotenen Versorgungsleistung.

Praxis-»Knigge«
- Die Teammitglieder sind gepflegt und angemessen gekleidet.
- Mimik und Auftreten sind positiv und nicht abweisend.
- Offener Blickkontakt und fester Händedruck.
- Hohe Aufmerksamkeit und gutes Zuhörverhalten.
- Professionelles Verhalten gegenüber schwierigen Patienten.
- Belastbarkeit bei Beschwerden durch Patienten
- Höfliche und zuvorkommende Ausdrucksweise, besonders am Telefon.
- Nicht zu sparsame Verwendung von »Bitte« und »Danke«.
- Sicheres, nicht arrogantes persönliches Auftreten.
- Taktgefühl und Fingerspitzengefühl.
- Alle Teammitglieder verstehen sich als Dienstleister.
- Hilfsbedürftige Patienten werden ohne spezielle Aufforderung unterstützt beim An- und Ausziehen.
- Patienten werden grundsätzlich mit Namen und einem freundlichen »Bitte« aufgerufen.
- Bei der Arbeit erfolgt immer eine bewusste Zuwendung zum Patienten.
- Die Diskretion wird immer gewahrt.
- Hektische Geschäftigkeit wird nach Möglichkeit vermieden.
- Sich zu entschuldigen wird nicht als Zeichen der Schwäche verstanden.
- Gegessen und getrunken wird nur im Sozialraum.

Patientensicherheit

Die Patientensicherheit ist ein wesentlicher Faktor in der medizinischen Versorgung und abhängig von vielen Faktoren, die eng mit dem Begriff der Strukturqualität zusammenhängen. Beispielhaft seien hier genannt:
- die Qualifikation und Fachkompetenz des Praxisteams,
- die Funktionsfähigkeit des Notfallmanagements,
- das Komplikationsmanagement,
- die Sicherheit der eingesetzten Medizinprodukte,
- die angewendeten Kontroll- und Prüfverfahren,
- der Umgang mit Fehlern und Beinahefehlern,
- die hygienischen Bedingungen, unter denen die Versorgung stattfindet,
- der regelmäßige Informationsaustausch innerhalb der Praxis und mit mit-/weiterversorgenden Einrichtungen.

Beispiel
Patientensicherheit und Notfallmanagement
Der Patient kommt nach Wespenstich in die Praxis. Kurz nach seinem Eintreffen klagt er über Luftnot. Die Mitarbeiterin bringt ihn ins Untersuchungszimmer, informiert den Arzt. Plötzlich entsteht eine anaphylaktische Reaktion bis zur Bewusstlosigkeit. Es entsteht Hektik, weil Cortison gerade nicht greifbar ist und der neuen Mitarbeiterin noch die Routine fehlt.

Ein definiertes und geschultes Notfallkonzept, in dem die Zuständigkeiten klar geregelt sind und jeder weiß, was er zu tun hat, trägt gerade in kritischen Situationen dazu bei, dass alles reibungslos abläuft.

■ Patientensicherheit durch Fehlervermeidung

Um zu vermeiden, dass mögliche Fehlerquellen und Risiken unentdeckt bleiben und zu tatsächlichen Gefährdungen führen, kann eine systematische Risikoanalyse hilfreich sein. Hierbei sind Teamarbeit und eine offene, selbstkritische Diskussionskultur gefragt.

Beispiel
Die Mitarbeiterin an der Anmeldung nimmt einen Telefonanruf entgegen. Frau Meier bittet um einen Hausbesuch. Ihr Mann klagt über plötzliche Übelkeit und Schwindel. Familie Meier ist in der Praxis bekannt. Die Mitarbeiterin notiert den Namen und entnimmt die übrigen Daten aus der Praxis-EDV. Sie informiert den Arzt, der sich sofort auf den Weg macht. Unter der angegebenen Adresse trifft er nicht wie erwartet, Frau Meier, sondern Frau **Meyer** an, deren Mann sich bester Gesundheit erfreut. Auf Nachfrage in der Praxis klärt sich das Missverständnis schnell. Glücklicherweise ist der Zeitverlust nur gering, da Familie Meier ganz in der Nähe wohnt.

Solche und ähnliche Fehler zu vermeiden, ist Zielsetzung einer strukturierten Risikobeurteilung. Wie sieht die Durchführung aus?

Zunächst werden – zum Beispiel über ein gemeinsames Brainstorming (▶ Kap. 3, Teambesprechung) – möglichst viele potenzielle Fehler oder Gefährdungen zusammengetragen, die theoretisch in der Praxis auftreten können.

Die festgestellten Punkte (zum Beispiel: »Zeitverlust bei dringendem Hausbesuch wegen falscher Anschrift«) werden anschließend im Hinblick auf ihr tatsächliches Risikopotenzial beurteilt. Die Risikobeurteilung erfolgt über mehrere Fragestellungen, zu denen nacheinander anhand einer Beurteilungsskala von 0 bis 10 eine Einschätzung des Teams ermittelt wird.

1. Welche Bedeutung bzw. Auswirkung hat der Fehler, wenn er tatsächlich eintritt?
   Beurteilung der Bedeutung/Auswirkung (B):
   0 = geringe Bedeutung bis 10 = schwerste Folgen
2. Was sind mögliche Ursachen für das Auftreten des Fehlers (zum Beispiel: »Name bei Telefonat falsch notiert«, »Name doppelt in der Patientendatei«, »Ähnlicher Straßenname«, …)?
3. Wie hoch ist die Wahrscheinlichkeit, dass die mögliche Fehlerursache auftritt?
   Beurteilung der Auftretenswahrscheinlichkeit (A):
   0 = unwahrscheinlich bis 10 = sehr hoch
4. Wie hoch ist die Wahrscheinlichkeit, dass das Entstehen eines Fehlers an der betrachteten möglichen Fehlerquelle rechtzeitig entdeckt wird?
   Beurteilung der Entdeckenswahrscheinlichkeit (E): 0 = sehr hoch bis 10 = unwahrscheinlich

Die jeweils vorgenommenen Einschätzungen werden miteinander multipliziert und man erhält eine sogenannte Risikoprioritätszahl (◻ Tab. 5.1). Je höher diese Zahl, desto höher das Risiko und desto wichtiger ist es, geeignete Maßnahmen zur Fehlervermeidung zu tref-

Tab. 5.1 Selbstbewertung: Übung zur Risikoanalyse

	Fehler(-möglichkeit)	B	Mögliche Fehlerursache	A	E	B*A*E
1						
2						
3						
..						
..						

fen. Als Faustregel für die Risikoeinschätzung können folgende Werte der Risikoprioritätszahl herangezogen werden:
- 0 bis 125: kein bis geringes Risiko
- bis 250: mittleres Risiko
- bis 1.000: hohes Risiko

Patientenmitwirkung, Patienteninformation und Patientenberatung

Patientenmitwirkung, Patienteninformation und Patientenberatung unterstützen den Erfolg eingeleiteter Therapiemaßnahmen und den Informationsaustausch zwischen Praxis und Patient. Hilfreich sind hier zum Beispiel:
- schriftliche Anleitungen zur Medikation,
- krankheitsbezogene Informationsmaterialien,
- Informationsmaterialien zur Praxis (z. B. Flyer, Internetseite),
- Informationen zu Untersuchungs-und Behandlungsverfahren,
- Merkblätter,
- Aufklärungsbögen,
- Patientenbefragung,
- systematisches Beschwerdemanagement.

Haftungsrechtliche Relevanz hat das Thema im Zusammenhang mit der Patientenaufklärung vor invasiven Eingriffen. Hier sind die Anforderungen an den Informationsumfang und die Dokumentation besonders hoch. Es ist der verantwortliche Arzt, der im Streitfall nachweisen muss, dass
- die Aufklärung sach- und fachgerecht durchgeführt wurde und
- er sich davon überzeugt hat, dass der Patient die Inhalte des Aufklärungsgespräches verstanden hat.

Von der Rechtsprechung wird jeder ärztliche Eingriff in den Körper eines kranken Menschen tatbestandsmäßig als Körperverletzung im Sinne des Straf- sowie des Zivilrechts angesehen. Erst durch die rechtswirksame Einwilligung des Patienten in das ärztliche Vorgehen wird die Rechtswidrigkeit aufgehoben. Wirksam einwilligen kann jedoch ein Patient nur dann, wenn er weiß, wozu er sein Einverständnis geben soll. Hier kommt der Arzthelferin bei der Vorbereitung des Aufklärungsgesprächs eine wichtige Aufgabe zu.

Die vom Gesetz und von der Rechtsprechung geforderte Aufklärung ist nur dann wirksam, wenn sie verständlich (patientenorientierte Sprache!), allumfassend und rechtzeitig erfolgt. Durch die besondere Nähe zum Patienten unterstützt die Arzthelferin im Sinne einer Co-Beratung die Qualitätsbemühungen des Arztes im folgenden Aufklärungsgespräch.

Die Ausgabe von schriftlichen Informationen an die Patienten vor dem anschließenden Gespräch mit dem Arzt erhöht die Sicherheit der Dokumentation und stützt die angestrebte Qualitätsverbesserung nachhaltig.

Grundsätze der Dokumentation:
- Fakten notieren bzw. sachliche Beschreibungen
- Bei Routinebehandlung und normalem Verlauf genügt Aufzeichnung in Stichworten
- Symbole erlaubt, wenn Irrtümer weitgehend ausgeschlossen
- Detaillierte Dokumentation bei: schwierigen Situationen, Komplikationen und Abweichungen von Standards
- Korrekt, zeitnah und vollständig
- Leserlich, nachvollziehbar und verständlich (für fachkundige Dritte)
- Unterschrift/Handzeichen
- Kein Tippex!

- Ursprüngliche Eintragung muss erhalten bleiben
- Änderung/Ergänzungen kennzeichnen und gegenzeichnen

Quelle: nach einem Vortrag zum Thema »Risiko-Management in der ambulanten Versorgung« von Rechtsanwalt Franz Michael Petry, Gesellschaft für Risiko-Beratung, Detmold

> **Infozept oder Beratungsrezept:**
> - Empfehlungen in schriftlicher Form an Patienten werden eher umgesetzt als ein nur verbaler Rat.
> - Die Wertschätzung schriftlicher Informationen mit Rezept-Charakter ist höher als die des nur gesprochenen Wortes.
> - Mit Hilfe der EDV (Textbausteinen) können Therapieanleitungen individuell und persönlich auf den Patienten abgestimmt werden.
> - Das Patienten-Rezept ist die Ergänzung zur Medikamentenverordnung und zur Befundbesprechung durch den Arzt.
> - Die Compliance des Patienten wird entscheidend verbessert.
> - Der Einsatz von Patienten-Rezepten ist ein wichtiger Marketing-Baustein zur Verbesserung der Patientenbindung.
> - Das Patienten-Rezept ist das schriftliche Bindeglied des Patienten zur Praxis; er hat Telefonnummer und Adresse seines Arztes stets greifbar.
> - Die Folgegespräche in der Praxis können ohne Probleme an das vorherige Patienten-Rezept anknüpfen.
> - Der Aufwand für das Ausstellen von Patienten-Rezepten ist im Vergleich zur Patientenwirkung gering.
> - Mit individuell ausgestellten Patienten-Rezepten stellt sich die Praxis auch marketingmäßig dar.

5.1.3 Strukturierung von Behandlungsabläufen

Qualität z. B. bei der Vorbereitung einer Wundversorgung, einer Magenspiegelung oder der Sicherstellung von einwandfreier Praxishygiene ist kein Zufall und darf auch nicht dem Zufall (»meine Arzthelferin macht das schon seit 10 Jahren, da kann ich mich darauf verlassen«) überlassen bleiben. Denn wo Menschen arbeiten, werden immer auch Fehler gemacht.

Selbst der erfahrene Chefpilot, der den Atlantik schon hundertmal überflogen hat, wird von seiner Gesellschaft verpflichtet, seine Routineaufgaben mit Hilfe von Checklisten fehlerfrei zu absolvieren. So kann man natürlich auch in der Arztpraxis die Fehlerquote mit Hilfe von konkreten Arbeitsanweisungen/Checklisten niedrig halten und Qualitätsstandards etablieren, aber auch oft mühsam erworbenes Know-how der Mitarbeiterinnen für Aushilfskräfte oder Urlaubsvertretungen bewahren und für neue Arzthelferinnen sichern.

> **Notfallmanagement**
> Im Notfall ist es besonders wichtig, dass jeder weiß, was er zu tun hat. Ein definierter Meldeweg, festgelegte Zuständigkeiten und eine definierte, eingeübte Ablauforganisation geben Sicherheit und fördern die Routine.

Klare Spielregeln, ein abgestimmtes Vorgehen, eindeutige Zuständigkeiten und klare Kommunikationsregeln fördern die Routine, geben Handlungssicherheit und helfen so mit, Fehler zu vermeiden. Standardisierte Arbeitsabläufe tragen dazu bei, dass nichts vergessen wird und dass das Ergebnis der Arbeit – unabhängig von ausführenden Personen – immer die gleiche Qualität hat.

Spezialwissen findet sich nicht mehr nur im Kopf Einzelner, sondern steht der gesamten Praxis in Form schriftlicher Anleitungen zur Verfügung. Die Einarbeitung neuer Mitarbeiter wird erleichtert, der Personaleinsatz wird flexibler und es muss weniger nachgearbeitet werden (▶ CD: 4 Patientenversorgung).

5.2 Grundelemente aus dem Bereich Praxisführung/Mitarbeiter/Organisation

5.2.1 Regelung von Verantwortlichkeiten

»Bei uns macht jeder alles.« Der »multifunktionale« Personaleinsatz widerspricht keineswegs den Anforderungen an das Qualitätsmanagement, Verantwortlichkeiten klar zu regeln. Diese Anforderung trägt

Tab. 5.2 Personaleinsatzplan

Aufgabe	Zuständig	1. Vertretung	2. Vertretung
Annahme, Telefon, Wartezimmer	Frau F.	Frau H.	Frau N
Injektionen	Arbeitsplatz Labor*		
Bestellung Praxisbedarf	Frau N.	Frau H.	Frau F.
Ablage, Postbearbeitung	Frau H.	Frau N.	Frau F.
Instrumentenaufbereitung	Arbeitsplatz Labor		
Temperaturkontrolle Kühlschrank	Azubi	Arbeitsplatz Labor	

* alternativ zur personenbezogenen Zuordnung kann die Zuständigkeit einem Arbeitsplatz zugewiesen werden

lediglich dazu bei, dass das, was zu tun ist, am Ende des Tages tatsächlich getan ist und sich nicht der eine auf den anderen verlässt.

Beispiel
Ein Kind ist zur Impfung angemeldet. Der letzte Impfstoff ist vor ein paar Tage verbraucht worden, neuer noch nicht bestellt, weil sich niemand für die Vorratskontrolle zuständig fühlte.

Ohne eindeutig beschriebene und festgelegte Arbeitsabläufe und Verantwortlichkeiten gibt es ständige Fehlerquellen und Qualitätsverluste. Hier schaffen Arbeitsplatz- und Stellenbeschreibungen oder/und Personaleinsatzpläne (◘ Tab. 5.2) Klarheit und stärken die Eigenverantwortlichkeit.

Damit ist gewährleistet, dass selbst Kleinigkeiten wie Blumenpflege und Kontrolle der Patiententoilette, die Bestellung von Praxismaterialien, die Verantwortlichkeit für Desinfektionslösungen, das Nachfüllen von Ultraschallgel und die Vorbereitung der Sprechstunde einem bestimmten Verantwortungsbereich zugeordnet sind.

Bei komplexen Organisationsstrukturen ist ein Organigramm ein gutes Instrument zur Herstellung von Transparenz nach innen und außen.

5.2.2 Mitarbeiterorientierung

Um die Potenziale der Arzthelferinnen zu aktivieren, braucht es nicht nur eine professionelle Praxisführung als Motor und Vorbild, sondern auch eine einfühlsame Steuerung sozialer Prozesse. Zur Zufriedenheit und zum Selbstbewusstsein der Arzthelferinnen gehört, dass das Team funktioniert und gute Arbeit leistet. Das kann nur gelingen, wenn es auch menschlich stimmt.

Der Qualitätseinfluss der Praxismitarbeiter ist vor allem entscheidend bei der Gestaltung der Handlungsabläufe (Prozessqualität) und bei den Behandlungsresultaten (Ergebnisqualität). Qualität und Qualitätsarbeit entsteht aber nicht zufällig (▶ CD: 6 Mitarbeiterorientierung).

Arbeitsschutz

Für jeden Arbeitgeber gelten die gesetzlichen Vorgaben des Arbeitssicherheitsgesetzes, des Arbeitsschutzgesetzes und der Arbeitsstättenverordnung. Hierzu gehören u. a.
- Gefährdungsbeurteilungen der Arbeitsplätze,
- Betriebsanweisungen zu Gefahrstoffen und zum Umgang mit biologischen Arbeitsstoffen,
- standardisierte Blutentnahme,
- Hygieneunterweisungen,
- Gesundheitsschutzbelehrungen des Praxispersonals,
- arbeitsmedizinische Vorsorgeuntersuchungen,
- Sicherstellung des Brandschutzes,
- fachkompetente Begehungen der Praxis unter Sicherheitsaspekten.

Fort- und Weiterbildung

Nicht allein die fachliche Qualifikation des Arztes, sondern auch die Fachkompetenz des Praxispersonals sind entscheidende Qualitätsfaktoren. Fort- und

Weiterbildungsangebote für die Mitarbeiterinnen sind daher integraler Bestandteil eines jeden Qualitätsmanagements.

Die systematische und geplante Personalentwicklung orientiert sich an dem Leistungsspektrum und den Zielen der Praxis, an gesetzlichen Vorgaben und an den Potenzialen der Mitarbeiterin. Beispiele sind:
- spezielle fachliche Qualifizierungen wie Mammographiescreening, Diabetesberatung oder Ernährungsberatungen,
- Hygieneschulungen,
- Notfalltrainings,
- Weiterbildungen zur Förderung der Managementkompetenz (z. B. Praxismanagement, Case-Management),
- Qualitätsmanagement.

Grundlage für die zielorientierte Personalentwicklung ist eine systematische Bedarfsermittlung (zum Beispiel mit Hilfe von Fördergesprächen) und darauf aufbauend die Entwicklung eines entsprechenden Schulungsplanes (▶ CD: 6 FB 01).

Fördergespräche

> »Behandle die Menschen als wären sie, was sie sein sollten und du wirst ihnen helfen, zu werden, wie sein könnten.«
> (Goethe)

In vielen Arzthelferinnen schlummern reichlich ungenutzte Ressourcen. Je mehr davon am Arbeitsplatz entfaltet werden kann, desto besser für alle Beteiligten. Der Arzt kann anspruchsvolle Aufgaben delegieren, beispielsweise die Betreuung von Diabetespatienten. Dadurch wird die Tätigkeit für Arzthelferinnen interessanter; Arbeitszufriedenheit und Engagement wachsen.

Da zu den Zielen eines etablierten Qualitätsmanagement-Systems in der Arztpraxis zufriedene Mitarbeiter und ein gutes Arbeitsklima zählen, gehören regelmäßige Fördergespräche unter vier Augen notwendigerweise zur Prozess-, Ergebnis und Erlebnisqualität.

- **Sinn des Fördergesprächs für die Arzthelferin ist**
- ihre Meinung zu den vom Arzt erwarteten Leistungen einzubringen,
- eine zusammenfassende Beurteilung über ihre Leistungen vom Arzt zu erhalten,
- ihre Ansicht zur Verbesserung der Zusammenarbeit einzubringen,
- Weiterbildungsmaßnahmen mit ihrer Chefin / ihrem Chef zu besprechen und festzulegen.

- **Zweck des Fördergesprächs für den Arzt als Manager ist**
- Erwartungen und Anforderungen, die an die Arzthelferin gestellt werden, wie auch die Erfüllung dieser Erwartungen und Anforderungen zu besprechen und zu dokumentieren,
- den offenen und sachlichen Dialog zwischen Arzt und Arzthelferin und somit die Zusammenarbeit ständig zu verbessern,
- die Arzthelferin entsprechend ihrer Qualifikation angemessen einzusetzen und ihre Fähigkeiten und Kenntnisse weiterzuentwickeln,
- die Aufzeichnungen als zusätzliche Information für die berufliche und finanzielle Weiterentwicklung zu verwenden.

Ein Fördergespräch sollte frühzeitig vereinbart werden, so dass beide – Arzt und Arzthelferin – Gelegenheit haben, sich darauf vorzubereiten. Das Gespräch sollte unbedingt ohne äußere Störungen in entspannter Atmosphäre stattfinden. Die Dauer des Gesprächs ist mit einer dreiviertel bis einer Stunde einzuplanen und sollte vertraulich und unter vier Augen geführt werden. Während des Gesprächs sollte das Ergebnis stichwortartig festgehalten werden. Die Arzthelferin erhält eine Kopie für ihre Unterlagen.

Das Fördergespräch ist kein Monolog des Vorgesetzten. Es ist auch kein Gehaltsgespräch, wenn auch die Aufzeichnungen als zusätzliche Informationen für die finanzielle Weiterentwicklung verwendet werden. Zunächst sollte die Arzthelferin ihr eigenes Bild zeichnen und die zu besprechenden Kriterien selbst einschätzen.

Die Kriterien, die besprochen werden sollen, legt der Arzt als Chef der Praxis je nach Aufgabengebiet fest, z. B. Grundeinstellung, fachliche Kompetenz, Teamfähigkeit und Kostenbewusstsein, Patientenorientierung, Engagement im Qualitätsbemühen der Praxis. Nach der Einschätzung der Arzthelferin selbst sollte der Arzt seine Einschätzung zum jeweiligen Kriterium vortragen und mit kritischen Anmerkungen und Aussagen ergänzen.

Liegt die Einschätzung auseinander, sollten die Gründe der unterschiedlichen Standpunkte geklärt und schriftlich festgehalten werden, damit beide Gesprächspartner Gelegenheit haben, in Ruhe darüber nachzudenken. Bei positiver Einschätzung sollten Lob und Anerkennung nicht fehlen; bei negativer Einschätzung müssen neben den kritischen Anmerkungen auch die eventuelle Konsequenz, die Entwicklungsfähigkeit sowie mögliche Maßnahmen und Vereinbarungen besprochen werden.

Mitarbeiterbefragung

Befragungen der Mitarbeiter zur Zufriedenheit mit den Arbeitsbedingungen können wertvolle Hinweise auf Verbesserungspotenziale in den Praxisabläufen geben (▶ Kap. 3, Umfragen). Befragungsinhalte könnten zum Beispiel sein:

- Ausmaß der Arbeitszufriedenheit
- Bewertung der Praxisführung
- Bindung an die Arztpraxis, Verpflichtung, Loyalität (Commitment)
- Bewertung des Betriebsklimas in der Arztpraxis
- Einstellung zum Qualitätsmanagement-Projekt
- Entwicklung einer Qualitätsdefinition für die Arztpraxis
- Patientenservice im Urteil der Praxismitarbeiter

Betriebliches Vorschlagswesen

Bei dem betrieblichen Vorschlagswesen, das aus dem japanischen Kaizen stammt, unterscheidet man Einzelvorschläge und Gruppenvorschläge. Kaizen bedeutet Veränderung zum Besseren. Im Sinne einer Geisteshaltung der ständigen Verbesserung trägt ein Vorschlagswesen in der Arztpraxis zu wirklich gelebtem Qualitätsverständnis bei.

Haupt-Themenbereiche für Vorschläge in der Arztpraxis sind z. B.:

- Verbesserungen der eigenen Arbeit
- Verbesserung des Arbeitsumfeldes
- Aufzeigen von Einsparpotenzialen, z. B. Einsparung von Energie, Material und anderen Ressourcen
- Verbesserung oder Ideen für Praxismarketing und Patientenbeziehungen

Das betriebliche Vorschlagswesen macht Arzthelferinnen nicht nur qualitätsbewusster in ihrer Denk- und Handlungsweise, sondern bietet ihnen auch Gelegenheit zum kritischen Gespräch mit dem Arzt als Praxismanager über die Probleme und die Schwierigkeiten, die die Mitarbeiterinnen/Kolleginnen haben.

Der Praxismanager hat durch die Gespräche die Möglichkeit, sozusagen durch die Brille anderer Probleme zu betrachten und zu bewältigen und Lösungsansätze zu erkennen. Damit bietet das betriebliche Vorschlagswesen beträchtliche Chancen und Potenziale zur Verbesserung der Kommunikation und zur Entwicklung der Arzthelferinnen im Qualitätsmanagement.

Das betriebliche Vorschlagswesen ist in der Regel mit einem Prämiensystem und Leistungsanreizen für die Mitarbeiter verbunden.

Wesentliche Motivation für Praxismitarbeiterinnen sind

- die menschliche Praxisatmosphäre, ein positives Arbeitsklima,
- der fachliche Bereich, anspruchsvolle Tätigkeiten,
- flexible Arbeitszeiten, aber auch Belohnung von Leistungen durch Freistunden oder Freitage,
- eine leistungsgerechte Entlohnung und finanzielle Anreize (praxisinternes Konzept).

(Siehe auch ◘ Abb. 5.1)

5.2.3 Praxismanagement

Zielvorgaben

Die Praxismitarbeiter brauchen klare Vorgaben (Praxisziele), aber auch eine Philosophie als Leitbild nach innen und außen. Das schafft Vertrauen und erhöht die Arbeitseffektivität. Aus dem Leitbild lassen sich konkrete Zielsetzungen der Praxis ableiten und sie ergeben sich aus den Ergebnissen von Qualitätsmessungen (▶ Kap. 1.3, ▶ Kap. 5.3).

Beachten Sie bei der Formulierung Ihrer Ziele in jedem Fall die sogenannte SMART-Regel, um sich selbst und Ihr Team nicht zu demotivieren oder auch zu überfordern (▶ Kap. 3, Qualitätsziele).

Legen Sie immer auch konkrete Umsetzungsschritte fest (Wer macht was bis wann?), damit Sie immer wieder überprüfen können, ob die gesetzten Ziele tatsächlich erreicht werden.

5.2 · Grundelemente aus dem Bereich Praxisführung/Mitarbeiter/Organisation

Checkliste zur Selbstbewertung

☐ Die Praxisleitung hat die Praxisziele (lang-, mittel-, kurzfristig) definiert.

☐ Die Praxisziele werden mit den Mitarbeiterinnen diskutiert und abgesprochen.

☐ Strukturierte Personalgespräche werden regelmäßig geführt.

☐ Auf der Basis dieser Gespräche werden konkrete, individuelle Ziele vereinbart.

☐ Die Anforderungen an die unterschiedlichen Funktionen/Aufgaben sind klar definiert.

☐ Aufgaben/Befugnisse sind festgelegt und in der Praxis kommuniziert.

☐ Arbeitsplatzbeschreibungen sind erstellt.

☐ Die Abläufe in der Praxis sind definiert und beschrieben. Die Schnittstellen sind klar geregelt.

☐ Es finden regelmäßige Teambesprechungen statt.

☐ Neue Mitarbeiterinnen werden systematisch in ihre Aufgaben eingewiesen.

☐ Auszubildenden ist eine Mentorin zugeordnet und es gibt einen praxisinternen Ausbildungsplan.

☐ Die vereinbarten Arbeitszeiten werden in der Regel eingehalten.

☐ Die Mitarbeiterinnen bekommen Anerkennung für ihre Arbeit.

☐ Die Mitarbeiterinnen werden ermutigt, Verbesserungsvorschläge einzubringen.

☐ Die Mitarbeiterinnen sind mit der Arbeitsatmosphäre zufrieden.

Abb. 5.1 Mitarbeiterorientierung/Personalführung

> **Kennen alle in der Arztpraxis die Qualitäts- und unternehmerischen Ziele?**
> Es muss immer wieder sichergestellt werden, dass jeder weiß, was er wissen sollte: Wer ist für was verantwortlich? Wie groß ist sein Entscheidungsspielraum? Wo und wann ist eine Rücksprache mit dem Arzt notwendig?

Terminplanung

Klare, verbindliche Vorgaben für die Terminvergabe erleichtern den Mitarbeiterinnen die Arbeit und erhöhen die Zufriedenheit von Praxisteam und Patienten. Fragen, die helfen können, die Terminplanung weiter zu systematisieren, sind zum Beispiel:

- Was sind die typischen Beschwerdebilder/Fragestellungen an die Praxis?
- Welche diagnostischen/therapeutischen Maßnahmen sind mit der Behandlung/Fragestellung im Allgemeinen verbunden?
- Wie zeitintensiv sind die in der Praxis durchgeführten diagnostischen und therapeutischen Verfahren?
- Welche Untersuchungs-/Behandlungsverfahren sind besonders zeitintensiv?
- Was sind Notfälle für die Praxis?
- Mit welchen Notfällen / dringlichen Terminanfragen ist zu rechnen?
- Wie wird damit verfahren? Wie werden Notfälle in den Praxisablauf integriert?

- Gibt es Puffer für Notfälle?
- Welche Möglichkeiten bietet die Praxissoftware zur Optimierung des Terminmanagements?

(▶ Kap. 5.4.2, Schritt 6)

Datenschutz

Für den Datenschutz in der Arztpraxis sind im Rahmen des Qualitätsmanagements Regelungen gegen unbefugten Zugriff auf Patientendaten zu treffen. Hierzu gehört zum Beispiel die Verwendung von Passwörtern bei der elektronischen Datenverarbeitung. Bei der Passwortvergabe sollte darauf geachtet werden, dass möglichst Buchstaben, Zahlen und Zeichen kombiniert werden. Auch Bildschirmschoner, die beim Unterbrechen der PC-Arbeit die Einsichtnahme in die bearbeiten Daten verhindern, sind Teil des Datenschutzes.

Klare Regelungen sollten getroffen werden hinsichtlich der Weitergabe von personenbezogenen Daten. Dies betrifft vor allem den Umgang mit Patientenakten, die Übermittlung von Patientendaten und die Einhaltung der Schweigepflicht. Der Empfangsbereich ist so zu organisieren, dass die datenschutzrechtlichen Belange des Patienten gewahrt bleiben.

Auch wenn die Beauftragung eines fachkundigen Datenschutzbeauftragten für Praxen mit weniger als 10 Mitarbeitern nicht gesetzlich vorgegeben ist, empfiehlt es sich, die Zuständigkeit für den Datenschutz innerhalb der Praxis klar zu regeln. Regelmäßige Begehungen der Praxis unter dem Aspekt des Datenschutzes sind zudem ein geeignetes Instrument der Selbstüberprüfung (◘ Abb. 5.2; ▶ Kap. 3, Datensicherheit).

Hygiene

Die patientenbezogenen Anforderungen an die Hygiene hat das RKI in einer Vielzahl von Empfehlungen festgelegt. Der formale Charakter der Empfehlung darf nicht darüber hinwegtäuschen, dass hieraus auch eine rechtliche Relevanz erwachsen kann (▶ Kap. 3, Aufbereitung und Hygiene).

Auch bezogen auf die Mitarbeiterinnen hat das Thema Hygiene Relevanz und so leiten sich die BGW-Vorschriften ebenfalls aus den Empfehlungen des RKI ab.

Zu den wichtigsten Umsetzungsmaßnahmen gehören:
- Hygieneplan
- Standardisierte, qualifizierte Aufbereitung
- Hygieneunterweisungen

(▶ Kap. 5.4.2, Schritt 4)

Checkliste zur Selbstbewertung

☐ Patientendaten sind grundsätzlich gegen unbefugte Einsichtnahme geschützt.

☐ Bei Nichtbenutzung des PC wird ein Bildschirmschoner aktiviert.

☐ Bei längerer Nichtbenutzung schaltet sich der Stand-by-Modus ein.

☐ Zum Hochfahren aus dem Stand-by-Modus wird ein Passwort benötigt.

☐ Passwörter enthalten neben Buchstaben auch Sonderzeichen und Zahlen.

☐ Die Mitarbeiterinnen sind schriftlich zur Geheimhaltung der Passwörter verpflichtet.

☐ Die Mitarbeiterinnen sind schriftlich zur Verschwiegenheit verpflichtet.

☐ Beim Fax-Versand wird die korrekte Eingabe der Telefonnummer überprüft.

☐ Bei sensiblen Daten lässt sich die Praxis den Faxeingang bestätigen.

◘ Abb. 5.2 Datenschutz

Fluchtplan

Beispielhaft nennt die QM-Richtlinie das Vorhandensein eines Fluchtplanes als Aspekt des Praxismanagements. Muss jetzt jede Arztpraxis – wie in Hotels – einen Fluchtplan aushängen? Diese Frage beantwortet § 4 Abs. 4 Arbeitsstättenverordnung 2010, der die Notwendigkeit abhängig macht von

- der Lage,
- der Ausdehnung und
- der Art der Nutzung

der Räumlichkeiten. Das bedeutet für die Praxis, dass mindestens zu prüfen ist, inwieweit die Räumlichkeiten in Notfallsituationen – zum Beispiel einem Brand – sichere Flucht- und Rettungsmöglichkeiten bietet und ob diese ausreichend ausgewiesen sind. Beurteilungskriterien sind unter anderem:

- Geschossebene
- Treppenhaus, Aufzug
- Zugänglichkeit der Praxisräume für Rettungskräfte
- Anzahl Praxisräume
- Anordnung der Praxisräume

Bei der Prüfung kann sich die Praxis von einer externen Fachkraft unterstützen lassen. Auch ein Gang durch die Praxis mit den Augen eines neuen Patienten kann hilfreiche Hinweise geben. Findet der Patient, der die Räumlichkeiten nicht kennt, schnell und sicher den Weg in Sicherheit? Sind die Notausgänge ausgeschildert?

In jedem Fall sollte geregelt sein, was im Brandfall zu tun ist. Von der Brandmeldung über die Information der Anwesenden und ggf. weiterer Gebäudeeinheiten gibt es Vieles zu klären. Wer hat den Überblick darüber, wie viele Personen in welchen Räumen anwesend sind? Wer kümmert sich um hilfebedürftige Patienten? Wo ist in sicherer Entfernung vom Brandumfeld ein geeigneter Sammelplatz? Wo steht der Feuerlöscher und wie funktioniert er? Fragen, mit denen sich das Praxisteam auseinandergesetzt haben sollte – vor dem Ernstfall, der hoffentlich nie kommt!

Materialwirtschaft

Checklisten mit festgelegten Mindest- und Höchstlagermengen tragen zur Optimierung der Lagerhaltung und damit zur Kosteneffizienz bei. Sie machen die gesamte Materialwirtschaft unabhängig von einzelnen Personen und erhöhen gleichzeitig die Eigenverantwortlichkeit der Mitarbeiterinnen (▶ Kap. 3; ▶ Kap. 5.4.2, Schritt 10).

5.2.4 Gestaltung von Kommunikationsprozessen und Informationsmanagement / Kooperation und Management der Nahtstellen der Versorgung

Interne Kommunikation

Kommunikation nach innen und außen sind zentrale Qualitätsparameter in jeder Praxis. Im Innenverhältnis geht es dabei um Fragestellungen wie:

- Wie wird der Informationsfluss innerhalb der Praxis sichergestellt?
- Wie wird sichergestellt, dass alle für die Patientenversorgung relevanten Informationen eingeholt werden?
- Wie informativ ist die Patientendokumentation, ggf. auch für eine ärztliche Vertretung?
- Sind schriftliche Informationen lesbar (Stichwort: Fehlervermeidung)?
- Wie sicher ist die Patientendokumentation aufbewahrt (Stichwort: Datensicherheit)?
- Werden neben der alltäglichen Kommunikation Teambesprechungen durchgeführt, in denen Zeit zur Besprechung grundsätzlicher Fragestellungen besteht?
- Wie wird Wissen innerhalb der Praxis weitergegeben?

Beispiel
Kennen Sie das?
Frau M. ist seit über zehn Jahren in der Praxis von Dr. S. tätig und für die Abrechnung zuständig. Sie kennt sich aus, beherrscht das Programm und weiß genau, worauf zu achten ist. Und nun scheidet sie aus der Praxis aus. Für die Einarbeitung einer Kollegin fehlt die Zeit, es kommt der Resturlaub – und Frau M. ist weg. Und mit ihr das Wissen und die Erfahrung rund um die Abrechnung.

In solchen Situationen wünscht sich wohl jeder Praxischef Checklisten, Anleitungen und strukturierte Abläufe – dokumentiertes Erfahrungswissen eben.

Externe Kommunikation und Information

Die Überleitung von einem Versorgungsbereich stellt besonders hohe Anforderungen an den Informationsfluss, drohen doch gerade hier Informationsverluste. Die Richtlinie spricht hier von den »Nahtstellen« der Versorgung. Im Qualitätsmanagement gängig ist der Begriff der Schnittstelle. Unterstellen wir der Einfachheit halber, dass eine funktionierende Schnittstelle zur Nahtstelle wird.

Zur Organisation diese Schnittstellen können einrichtungs- und berufsgruppenübergreifend angelegte Behandlungspfade hilfreich sein. Im Rahmen der DMP werden sie bereits praktiziert und unterstützen die Entwicklung in Richtung integrierte Versorgung.

Weitere Fragestellungen in diesem Zusammenhang sind zum Beispiel:
- Wie ist die Kommunikation mit weiterversorgenden Einrichtungen organisiert?
- Wie kommt die Praxis an die Informationen aus der Notfall-/Wochenendversorgung ihrer Patienten?
- Welche Informationen erhalten überweisende Praxen in welchem Zeitraum?
- Wie ist die Zusammenarbeit mit mitversorgenden Berufsgruppen, zum Beispiel ambulanten Pflegediensten geregelt?

Die Teilnahme an Qualitätszirkeln, gemeinsame Fallbesprechungen, gemeinsame Visiten, Befragungen der Versorgungspartner usw. sind einfach zu organisierende QM-Aktivitäten, die zum Abbau von Fachgrenzen und zur weiteren Integration der Versorgung beitragen (◘ Abb. 5.3).

An den Nahtstellen (Schnittstellen) der Versorgung setzt auch die Richtline über die einrichtungs- und sektorenübergreifenden Maßnahmen der Qualitätssicherung an (▶ Kap. 2.3.7).

Neben den in der Richtlinie beschriebenen Neuerungen ist auch die seit 2011 verbindliche Online-Abrechnung ein nicht unbedeutendes Thema bei der Auseinandersetzung mit den Anforderungen an das praxisinterne Qualitätsmanagement.

> **Externe Kommunikation: Online-Abrechnung**
> Hier sind die Anforderungen an Datensicherheit und Datenschutz besonders hoch!

5.2.5 Integration bestehender Qualitätssicherungsmaßnahmen

Im Rahmen der medizinischen Qualitätssicherung wird eine Vielzahl von Daten eingeholt. Die Ergebnisse geben der Praxis Hinweise auf die medizinische Versorgungsqualität. Diese Ergebnisse im Hinblick auf Verbesserungspotenziale auszuwerten und entsprechende Maßnahmen abzuleiten, ist eine wesentliche Aufgabenstellung des Qualitätsmanagements.

Neben der medizinischen Qualitätssicherung sind die vielfältigen Qualitätssicherungsmaßnahmen im Bereich der Medizintechnik – zum Beispiel Konstanzprüfungen in der Radiologie, interne und externe Qualitätskontrollen im Labor – als Bestandteil des Qualitätsmanagements zu prüfen und für Verbesserungen zu nutzen.

5.3 Selbstbewertung zum Stand und zur Weiterentwicklung des einrichtungsinternen Qualitätsmanagements

5.3.1 Vorbereitung der Selbstbewertung

Dreh- und Angelpunkt der Richtlinie ist das Instrument der Selbstbewertung, die mindestens jährlich durchgeführt werden soll. Wir empfehlen die Durchführung frühzeitig zu terminieren. Die Selbstbewertung kann zum Beispiel im Rahmen einer der regelmäßigen Teambesprechungen vorgenommen werden. Die Durchführung sollte im Besprechungsprotokoll niedergelegt werden.

Die Selbstbewertung dient zum einen der Ist-Analyse am Beginn des QM-Prozesses und ist gleichzeitig Steuerungsinstrument für die eigene QM-Arbeit und deren Weiterentwicklung. Für die Durchführung

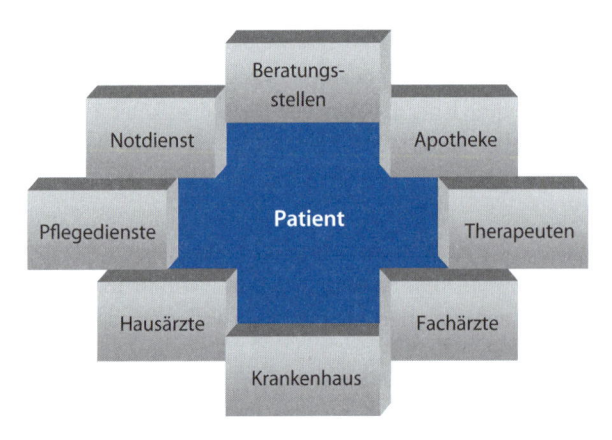

◘ Abb. 5.3 Kommunikation an den Nahtstellen der Versorgung

Checkliste zur Selbstbewertung

Die bisherigen internen QM-Maßnahmen

☐ haben die Qualität der Patientenversorgung verbessert.

☐ haben die systematische Patientenorientierung bei allen Aktivitäten gefördert.

☐ haben die Arbeitszufriedenheit des Praxisteams erhöht.

☐ haben Risiken in den Praxisabläufen aufgezeigt.

☐ haben zur Risikoverringerung beigetragen.

☐ haben zur Objektivierung und Messung von Ergebnissen beigetragen.

☐ haben die Versorgung an den Nahtstellen der Versorgung gefördert.

☐ haben die Kooperation an den Nahtstellen der Versorgung strukturiert.

☐ werden als Teamaufgabe verstanden.

☐ verfolgen von der Praxisleitung vorgegebene Ziele.

☐ sind eingebettet in eine zielorientierte Praxispolitik und -kultur (Leitbild, Philosophie).

Abb. 5.4 QM-Ziele erreicht?

---

selbst macht die Richtlinie keine Vorgaben. Lediglich der Bewertungsmaßstab ist festgeschrieben:
- Zielerreichung (§ 2) und
- Anwendung der in § 4 benannten Instrumente auf die in § 3 benannten Grundelemente des Qualitätsmanagements.

■ **Was bedeutet das konkret?**

Da § 2 die allgemeinen Ziele eines internen Qualitätsmanagements beschreibt, muss die erste Frage bei einer ehrlichen Selbstbewertung lauten: Was hat es gebracht? Welche Ziele hat die Praxis mit den bisherigen internen QM-Maßnahmen erreicht (◘ Abb. 5.4)?

Was tun, wenn nicht alle Fragen mit »Ja« zu beantworten sind? Fragen Sie im Praxisteam nach möglichen Gründen. Reflektieren Sie Ihre bisherige QM-Arbeit:
- Wer war einbezogen?
- Wie wurden die Maßnahmen kommuniziert?
- Was war gut?
- Was konnte verbessert werden?
- Was hat Probleme gemacht?
- Was lässt sich verbessern?
- Welche Aktivitäten der Praxis (auch, wenn Sie bislang nicht mit QM in Verbindung gebracht wurden) unterstützen die Zielerreichung?

Ausgehend von diesen Überlegungen bezieht sich Schritt 2 auf die Selbstbewertung im Hinblick auf die Grundelemente und Instrumente. Hierzu bieten die unterschiedlichen QM-Bewertungsverfahren umfangreiche Fragen- und Kriterienkataloge an.

Für eine erste orientierende Selbstbewertung kann es hilfreich sein, zunächst das »Original« heranzuziehen – die Richtlinie selbst. Aus ihr ergeben sich grundlegende Fragestellungen zu den einzelnen Grundelementen, die jede Praxis für sich beantworten muss (◘ Abb. 5.5, ◘ Abb. 5.6).

Die Antworten auf diese Fragen werden je nach Praxis sehr unterschiedlich sein. Und so sind auch Begriffe wie Patientenorientierung, Patientensicherheit oder Patientenberatung in der Hausarztpraxis mit anderen Inhalten zu füllen als in der hochspezialisierten Facharztpraxis.

Checkliste zur Selbstbewertung

Welche fachlichen Standards und Leitlinien sind für Ihre Praxis relevant?
- ☐ ....
- ☐ ....
- ☐ ....
- ☐ ....

Was heißt für Ihre Praxis »Stand der Wissenschaft«?
- ☐ ....
- ☐ ....
- ☐ ....
- ☐ ....
- ☐ ....
- ☐ ....

Welche Erwartungen und Anforderungen haben Ihre Patienten an die Praxisabläufe?
- ☐ ....
- ☐ ....
- ☐ ....
- ☐ ....
- ☐ ....
- ☐ ....

Inwieweit berücksichtigt Ihre Praxis diese Erwartungen und Anforderungen?
- ☐ ....
- ☐ ....
- ☐ ....
- ☐ ....
- ☐ ....
- ☐ ....

Was bedeutet Patientensicherheit in Ihrer Praxis? Worin bestehen Risiken für die Patienten?
- ☐ ....
- ☐ ....
- ☐ ....
- ☐ ....
- ☐ ....
- ☐ ....

Welche Informationen benötigen/erwarten Ihre Patienten?
- ☐ ....
- ☐ ....
- ☐ ....
- ☐ ....
- ☐ ....
- ☐ ....

Welche Beratungsangebote benötigen/erwarten Ihre Patienten?
- ☐ ....
- ☐ ....
- ☐ ....
- ☐ ....
- ☐ ....
- ☐ ....

Was sind die wichtigen Abläufe in Ihrer Praxis?
- ☐ ....
- ☐ ....
- ☐ ....
- ☐ ....
- ☐ ....
- ☐ ....

Abb. 5.5 Bereich Patientenversorgung

5.3 · Selbstbewertung zum Stand des einrichtungsinternen Qualitätsmanagements

Checkliste zur Selbstbewertung

Wie viele Mitarbeiter/innen hat die Praxis?
....

Wo kann es unklare Zuständigkeiten geben?
☐ .... ☐ ....
☐ .... ☐ ....
☐ .... ☐ ....

Wie groß ist die Praxis? Welches Leistungsspektrum wird angeboten?
☐ .... ☐ ....
☐ .... ☐ ....
☐ .... ☐ ....

Welche internen und externen Naht-/Schnittstellen sind zu organisieren?
☐ .... ☐ ....
☐ .... ☐ ....
☐ .... ☐ ....

Wo können Informationsverluste entstehen?
☐ .... ☐ ....
☐ .... ☐ ....
☐ .... ☐ ....

Abb. 5.6 Bereich Praxisführung/Mitarbeiter/Organisation

Die Anforderungen an die Patientensicherheit in einer chirurgischen Facharztpraxis sind kaum zu vergleichen mit denen in der radiologischen Praxis, die wiederum wenig gemeinsam haben mit den Anforderungen an die Hausarztpraxis oder die Praxis für Psychotherapie. Und auch das Praxismanagement sieht in der hochkomplexen Gemeinschaftspraxis anders aus als in der Einzelpraxis.

> **Das bedeutet:**
> QM ist nicht gleich QM und das Ergebnis der Selbstbewertung folglich nicht richtig oder falsch.

So können auch die nachfolgenden Fragestellungen (Tab. 5.3, Tab. 5.4) lediglich Anregungen geben für die praxisinterne Analyse und Selbsteinschätzung. Die konkrete Anwendung der Richtlinie auf die einzelne Praxis kann – in Abhängigkeit von der Struktur der Praxis – ergänzende Maßnahmen wichtig und sinnvoll machen. Umgekehrt werden einzelne Fragestellungen für Ihre Praxis möglicherweise keine Relevanz haben.

Stellen Sie sich bei der Beantwortung der Fragen immer auch die weiterführende Frage nach Entwicklungsmöglichkeiten innerhalb der Praxis. Hieraus können sich neue Zielsetzungen für die Praxis ergeben.

Insbesondere die letzte Frage schließt den Kreis zum Beginn der Selbstbewertung und beschreibt damit den typischen QM-Kreislauf, wie er auch in der Forderung der Richtlinie nach der regelmäßigen Selbstbewertung und kontinuierlichen Weiterentwicklung zum Ausdruck kommt.

Tab. 5.3 Anwendung der geforderten Instrumente auf die QM-Grundelemente im Bereich der Patientenversorgung

	Ja	Nein
Ist die Patientenversorgung an den aktuellen fachlichen Standards und Leitlinien ausgerichtet?		
Orientieren sich die Praxisabläufe an den Anforderungen und Erwartungen der Patienten?		
Wird bei der Terminvergabe oder der Ausstattung auf die besonderen Bedürfnisse von Kindern, Berufstätigen oder beeinträchtigten Menschen Rücksicht genommen?		
Wird eine strukturierte Anamnese erhoben?		
Sind Maßnahmen getroffen, um Behandlungsrisiken für den Patienten zu minimieren?		
Werden zum Beispiel vor der Durchführung diagnostischer oder therapeutischer Maßnahmen patientenbezogene Risiken erfragt und dokumentiert?		
Werden Behandlungsziele, der Behandlungsverlauf, Beratungen und eingeleitete Maßnahmen dokumentiert?		
Sind die Abläufe für den medizinischen Notfall klar geregelt?		
Ist das Praxisteam für Notfallsituationen geschult?		
Hat das Praxisteam die Praxisabläufe im Hinblick auf mögliche Fehlerquellen analysiert?		
Werden aufgetretene Probleme analysiert und Verbesserungsmaßnahmen erarbeitet?		
Sind Maßnahmen getroffen, um mögliche Gefährdungen des Patienten, etwa aufgrund von Verwechslungen, Fehldosierungen oder Fehlinformationen, zu vermeiden?		
Werden zum Beispiel Checklisten/Prüflisten verwendet, um Fehler und auftretende Probleme möglichst frühzeitig zu erkennen?		
Werden aufgetretene Fehler analysiert und werden Maßnahmen abgeleitet, um die Fehlerursache zu beheben und eine Fehlerwiederholung zu vermeiden.		
Werden die eingesetzten Medizingeräte in Übereinstimmung mit den gesetzlichen Anforderungen betrieben?		
Wird zum Beispiel eine Bestandsliste über die eingesetzten Medizingeräte geführt?		
Sind die Anwender der Medizingeräte nachweislich in die Handhabung eingewiesen?		
Sind die vorgeschriebenen Instandhaltungsmaßnahmen nachweislich durchgeführt worden?		
Erhalten Patienten alle notwendigen Informationen, um ihre Mitwirkung im Hinblick auf vorgesehene Versorgungsmaßnahmen zu fördern, zum Beispiel Beratungsrezept oder spezielle Informationsbroschüren?		
Gibt es Informationsmaterialien für Patienten (Praxisflyer, Internetseite o. Ä.)		
Werden Rückmeldungen der Patienten (»Lob und Tadel«) erfasst und analysiert, um daraus Verbesserungsmöglichkeiten für die Praxis abzuleiten?		
Gibt es ein strukturiertes Beschwerdemanagement?		
Ist bereits schon einmal eine Patientenbefragung durchgeführt worden?		
Sind die Behandlungsabläufe klar strukturiert? Gibt es zum Beispiel schriftlich festgelegte Ablaufbeschreibungen und Arbeitsanweisungen für diagnostische oder/und therapeutische Maßnahmen?		

> **PDCA-Zyklus – das Herzstück des Qualitätsmanagements**
> Ziele setzen, Maßnahmen planen und umsetzen, die Wirksamkeit der Maßnahmen im Hinblick auf die Zielerreichung überprüfen, bei Bedarf Verbesserungen einleiten.

5.3 · Selbstbewertung zum Stand des einrichtungsinternen Qualitätsmanagements

Tab. 5.4 Anwendung der geforderten Instrumente auf die QM-Grundelemente im Bereich Praxisführung/Mitarbeiter/Organisation

	Ja	Nein
Sind die Zuständigkeiten im Team geklärt? Liegt zum Beispiel ein Organigramm vor?		
Gibt es Stellen- oder/und Arbeitsplatzbeschreibungen?		
Ist die Verantwortlichkeit für das Qualitätsmanagement darin festgelegt?		
Sind die gesetzlich vorgegebenen Maßnahmen zu Arbeitsschutz und Arbeitssicherheit umgesetzt?		
Werden zum Beispiel arbeitsmedizinische Vorsorgemaßnahmen angeboten?		
Liegen die notwendigen Betriebsanweisungen vor?		
Entspricht die sicherheitstechnische Ausstattung der Praxis den Vorgaben?		
Wird die Praxis als Arbeitsstätte regelmäßig im Hinblick auf Arbeitsschutz und Arbeitssicherheit überprüft?		
Sind die Fluchtwege sicher und ausreichend gekennzeichnet?		
Ist das Vorgehen im Brandfall klar geregelt?		
Gibt es abgestimmte Regelungen zur Vergabe von Terminen?		
Ist der Datenschutz gewährleistet? Sind Patientendaten gegen unbefugten Zugriff geschützt?		
Werden elektronisch erhobene Daten regelmäßig gesichert?		
Werden die Hygienevorschriften umgesetzt? Ist zum Beispiel ein Hygieneplan ausgehängt?		
Werden nachweislich Hygieneunterweisungen durchgeführt?		
Sind die Anforderungen des Robert-Koch-Instituts an die Hygiene in Arztpraxen bekannt und werden diese nachweislich umgesetzt?		
Werden regelmäßige Teambesprechungen durchgeführt und protokolliert?		
Wird nachgehalten, ob die festgelegten Maßnahmen umgesetzt worden sind?		
Sind die Schnittstellen zu anderen Leistungserbringern klar geregelt, zum Beispiel der wechselseitige Informationsaustausch?		
Werden qualitätsbezogene Daten erhoben und analysiert, zum Beispiel DMP-Daten, weitere evidenzbasierte medizinische Qualitätsindikatoren, Daten aus der medizinischen Qualitätssicherung (z. B. § 115b, § 135a, § 136, § 136a SGB V), organisatorische Qualitätsindikatoren wie Wartezeiten, Fehlererfassungen, Beschwerdeerfassungen, Protokolle von Teambesprechungen und Befragungen?		
Werden die Auswertungsergebnisse genutzt, um daraus konkrete Qualitätsziele abzuleiten?		
Hat sich die Praxis konkrete Ziele zur Qualitätsverbesserung gesetzt?		
Sind diese Ziele dokumentiert, zum Beispiel in einem Maßnahmenplan (Wer macht was bis wann)?		
Wird regelmäßig überprüft, ob bzw. inwieweit die gesetzten Ziele (zum Beispiel ein bei den Qualitätsindikatoren angestrebtes Niveau) erreicht werden?		
Erfüllt das einrichtungsinterne Qualitätsmanagement die vom Gemeinsamen Bundesausschuss formulierten allgemeinen Zielsetzungen des Qualitätsmanagements (siehe oben)?		

5.3.2 Dokumentierte Selbstbewertung

Für eine strukturierte Selbstbewertung anhand der QM-Richtlinie findet sich auf der CD zum Arbeitshandbuch eine Checkliste als weiteres Hilfsmittel für die geforderte Dokumentation (CD: ▶ 5_CL_02). In Kombination mit einer konkreten Maßnahmenplanung dient sie der Nachweisführung in allen vom G-BA beschriebenen Phasen (Planung, Umsetzung, Überprüfung) des QM-Prozesses.

- **Erläuterungen zur Checkliste:**
- In der linken Spalte der Tabelle sind die konkreten Anforderungen aus der Richtlinie im Hinblick auf die Grundelemente, Instrumente und Ziele des Qualitätsmanagements aufgeführt.
- Ergänzende Hilfsmittel zur Selbstbewertung sind zum Beispiel die Checklisten ▶ CD: 7c_CL_09 und die weiteren in diesem Arbeitshandbuch bereitgestellten themenbezogenen Checklisten.
- Für eine strukturierte Selbstbewertung dokumentieren Sie in der Spalte »Erreichung in %« Ihre ehrliche Selbsteinschätzung bezogen auf die praxisinterne Umsetzung der jeweiligen Anforderung.
- Stellen Sie bei der Bewertung fest, dass in Ihrer Praxis weitere Umsetzungsmaßnahmen folgen sollten, kreuzen Sie zunächst in Spalte »Maßnahmenplanung« die Option »ja« an.
- Für die konkrete Maßnahmenplanung können Sie das Formblatt ▶ CD: 5_FB_03__Maßnahmenplan nutzen. Bezüglich der zeitlichen Planung können Sie beispielsweise auf unseren Vorschlag im nachfolgenden Kapitel zurückgreifen. Die hier vorgeschlagene Vorgehensweise gibt Ihnen gleichzeitig Hinweise auf geeignete, auf der CD hinterlegte Umsetzungshilfen.

Hinweis: Die Richtlinie sieht jährliche Selbstbewertungen im Sinne der kontinuierlichen Verbesserungsarbeit vor.

5.4 QM leicht gemacht: Schritt für Schritt zum eigenen QM-Handbuch

5.4.1 Was habe ich von der CD?

Da dem Arzt einerseits keine Wahl bleibt, er aber andererseits mit Qualitätsmanagement nicht sein Kerngeschäft betreibt, müssen Aufwand und Nutzen aller QM-Aktivitäten in einem vernünftigen Verhältnis stehen. Bürokratische Auswüchse sind zu vermeiden!

Ziel der CD und der enthaltenen Mustervorlagen ist es, preisgünstige, erprobte und praxisnahe Organisationshilfen zur Verfügung zu stellen, mit denen sowohl Praxisinhaber als auch Mitarbeiter und QM-Beauftragte von kleinen wie großen Praxen individuell und erfolgreich arbeiten können, ohne sich für ein bestimmtes QM-Modell entscheiden zu müssen.

Mit den angebotenen Mustervorlagen kann das gesetzlich und vom Gemeinsamen Bundesausschuss geforderte Qualitätsmanagement gesetzeskonform in der Arztpraxis umgesetzt werden. Jederzeit ist eine Erweiterung hinsichtlich einer gewünschten Zertifizierung nach einem der am Markt befindlichen QM-Modelle (z. B. DIN EN ISO 9001, EPA® oder QEP®) möglich.

Um die Umsetzung der G-BA-Anforderungen zu erleichtern, ist die Ordnersystematik der CD an den vorgegebenen Grundelementen ausgerichtet. Arztpraxen, die schon ein QM-System eingeführt haben, können die Verfahrensanweisungen, Arbeitsanweisungen und Checklisten zur kontinuierlichen Verbesserung nutzen und weiterentwickeln.

Welche Praxen haben den größten Nutzen?
- Praxen, die Verbesserungspotenzial haben
- Praxen, die sich im kontinuierlichen Verbesserungsprozess befinden
- Praxen, die nicht auf den Wind warten wollen, sondern selbst das Ruder in die Hand nehmen.
- Praxen, die eine Zeit, die von Umbrüchen und Veränderungen bestimmt ist, dazu benutzen, die relevanten Vorgänge und Abläufe in der Praxis zu optimieren.
- Praxen, die durch gute Organisation und mit einfach umsetzbaren QM-Werkzeugen mehr Spaß an der Arbeit haben wollen.

▼ Weiter S. 76

Tab. 5.5 Zuordnungsübersicht QM-Elemente im Bereich der Patientenversorgung

QM-Elemente Richtlinie	Umsetzungshilfen CD	Angewendete QM-Instrumente
Ausrichtung an fachlichen Standards und Leitlinien entsprechend dem jeweiligen Stand der Wissenschaft	Kapitel 4a Kapitel 4b	Notfallmanagement Checklisten, Prozess- und Ablaufbeschreibungen Durchführungsanleitungen
Patientenorientierung	Kapitel 4c 8_CL_03__Knigge für die Arztpraxis	Checklisten
Patientensicherheit	Kapitel 4d Kapitel 7c Kapitel 7d	Notfallmanagement Ablaufbeschreibungen Durchführungsanleitungen
Patientenmitwirkung	Kapitel 4c 5_VA_02__Beschwerde-management	Patientenbefragung und Beschwerdemanagement
Patienteninformation und -beratung	Kapitel 4c 7a_VA_01__Terminvergabe 7a_VA_02__Patientenannahme	Durchführungsanleitungen Prozess- und Ablaufbeschreibungen
Strukturierung von Behandlungsabläufen	Kapitel 4a Kapitel 4b	Prozess- und Ablaufbeschreibungen Durchführungsanleitungen

Tab. 5.6 Zuordnungsübersicht QM-Elemente im Bereich der Praxisführung/Mitarbeiter/Organisation

QM-Elemente Richtlinie	Umsetzungshilfen CD, z. B.	Angewendete QM-Instrumente
Regelung von Verantwortlichkeiten	Kapitel 5	Organigramm Durchführungsanleitungen
Mitarbeiterorientierung z. B. Arbeitsschutz, Fort- und Weiterbildung)	Kapitel 6	Qualitätsbezogene Dokumentation, Checklisten Durchführungsanleitungen
Praxismanagement (z. B. Terminplanung, Datenschutz, Hygiene, Fluchtplan)	Kapitel 7a, Kapitel 7b Kapitel 7c 6_CL_03__Verhalten im Brandfall	Durchführungsanleitungen, Checklisten Prozess- und Ablaufbeschreibungen
Gestaltung der internen und externen Kommunikationsprozesse sowie Informationsmanagement	Kapitel 7b	Teambesprechungen Qualitätsbezogene Dokumentation Festlegung und Überprüfung praxisbezogener Qualitätsziele
Kooperation und Management der Nahtstelle der Versorgung	Kapitel 7b Weitere VA, die als Kopiervorlage zur Definition übergreifender Abläufe verwendet werde können (Kapitel 4a)	Prozess- und Ablaufbeschreibungen Checklisten
Integration bestehender Qualitätssicherungsmaßnahmen in das interne Qualitätsmanagement	5_VA_01__Fehlermanagement 5_CL_02__QM-Selbstbewertung 7b_VA_01__Dokumentation 7c_CL_01__Risikobeurteilung der verwendeten Instrumente Kapitel 7c, Kapitel 7d	Erkennen und Nutzen von Fehlern und Beinahefehlern zur Einleitung von Verbesserungsmaßnahmen Qualitätsbezogene Dokumentation

- Praxen, die bereit sind, umzudenken und lieb gewonnene Gewohnheiten in Frage stellen.
- Praxen, die gute Qualität liefern und nachweisen wollen.
- Praxen, die mit der schriftlichen Festlegung von Abläufen und Tätigkeiten ihre Praxis medizinisch und ökonomisch besser steuern wollen.
- Praxen, die zielorientiert arbeiten und die Qualität ihrer Handlungsabläufe und Behandlungsresultate sichern wollen.
- Praxen, die sich durch optimale Strukturierung ihrer Prozesse Freiräume schaffen und die eigene Organisation und Motivation stärken wollen.

Die Bearbeitung der Muster erstreckt sich erfahrungsgemäß über einen Zeitraum von ca. einem Jahr. Folgende Abkürzungen wurden bei den Mustern verwendet:
- VA (Verfahrensanweisung)
- FB (Formblatt)
- CL (Checkliste)

Werden Dokumente für Aufgabenstellungen benötigt, für die keine spezifischen Muster in dem Handbuch hinterlegt sind, kann hierfür ein geeignetes Musterdokument als Kopiervorlage verwendet werden (z. B. für praxisspezifische Behandlungspfade oder technische Untersuchungen/Therapieverfahren). Kopf- und Fußzeilen sind dann entsprechend anzupassen und die neuen Inhalte einzufügen.

Einen ersten Überblick über die Umsetzungshilfen und deren Bezug zur QM-Richtlinie geben die beiden nachfolgenden Tabellen (Tab. 5.5 und Tab. 5.6).

5.4.2 Leitfaden zur Entwicklung des praxisinternen Qualitätsmanagements

Was wir schon häufig angesprochen haben, gilt einmal mehr für die konkrete Umsetzungsarbeit: Qualitätsmanagement ist ein Entwicklungsprozess. Die damit verbundenen Dokumentationsanforderungen scheinen zu Beginn oftmals unüberschaubar. Um hier Hilfestellung zu geben, schlagen wir eine in der praktischen Arbeit bewährte, schrittweise Erarbeitung der QM-Dokumentation vor.

Am Beginn sollte immer die Frage stehen, welche Standards bereits in bewährter Form vorliegen und welche QM-Strukturen schon vorhanden sind. Grundlegender Bestandteil einer erfolgversprechenden QM-Struktur ist die systematische Teamarbeit mit regelmäßigen Teambesprechungen – weil QM nur im Team funktioniert. Auf dieser Basis lassen sich wichtige von weniger wichtigen Aufgabenstellungen abgrenzen. Zu den wichtigen gehört immer die Überprüfung des Notfallmanagements und der gesetzlichen Anforderungen an die Praxistätigkeit. Daher empfehlen wir, mit diesen Aufgabenstellungen fortzufahren. Grundsätzlich ist diese Reihenfolge aber keineswegs bindend, sondern kann (und sollte) von der Praxis an die tatsächlichen Gegebenheiten angepasst werden.

- **Zur Erläuterung:**

Um den Bezug zwischen der Aufgabenstellung und der QM-Richtlinie herzustellen, zeigen wir zu jedem Schritt auf, welche QM-Ziele damit erreicht werden können, welche QM-Grundelemente damit angesprochen werden und welche QM-Instrumente zum Einsatz kommen.

Schritt 1: Bestehende Standards in das Qualitätsmanagement einbinden

- **QM-Ziele:**
- Sicherung und Verbesserung der Qualität der medizinischen und psychotherapeutischen Versorgung
- Objektivierung und Messung von Ergebnissen der medizinischen und psychotherapeutischen Versorgung

- **QM-Grundelement:**
- Integration bestehender Qualitätssicherungsmaßnahmen in das interne Qualitätsmanagement

- **Angewendete QM-Instrumente:**
- Checklisten
- Durchführungsanleitungen
- Qualitätsbezogene Dokumentation

- **Umsetzungsmaßnahmen:**
1. Bereits vorhandene Arbeitsanweisungen, schriftliche Regelungen, Checklisten etc. zusammenstellen, auf Eignung, Aktualität etc. prüfen, ggf. anpassen/ergänzen.

2. Für die Praxis zutreffenden Prüfmaßnahmen zur internen und externen Qualitätssicherung systematisch darstellen (Was wird regelmäßig überprüft? Von wem? Wie?)
3. Durchführungsanleitungen für die Qualitätssicherungsmaßnahmen erarbeiten

- **Muster und Hilfsmittel ▶ CD:**
▶ 7d_FB_02__Prüfplan
▶ Checklisten aus Kapitel 4b

- **Nutzen für die Praxis:**
– Vermeidung von Doppelarbeiten
– Nutzung und Einbindung bereits vorhandener Anleitungen, Checklisten etc. in die Organisationsentwicklung
– Bündelung des praxisinternen Wissens
– Praxisorientierte und effektive QM-Arbeit

Schritt 2: Strukturierte Teambesprechungen einführen
- **QM-Ziele:**
– Einbindung des gesamten Praxisteams über eine an konkreten Zielen ausgerichtete Praxispolitik und -kultur
– Erhöhung der Arbeitszufriedenheit der Praxismitarbeiter/innen und der Praxisleitung

- **QM-Grundelemente:**
– Gestaltung der internen Kommunikationsprozesse und Informationsmanagement
– Mitarbeiterorientierung
– Praxismanagement
– Integration bestehender Qualitätssicherungsmaßnahmen in das interne Qualitätsmanagement

- **Angewendete QM-Instrumente:**
– Teambesprechungen
– Qualitätsbezogene Dokumentation, insbesondere Dokumentation der Qualitätsziele und der ergriffenen Umsetzungsmaßnahmen
– Dokumentation der systematischen Zielüberprüfung (z. B. anhand Indikatoren) und der erforderlichen Anpassung von Maßnahmen

- **Umsetzungsmaßnahmen:**
1. Turnus und Zeitdauer der Teambesprechungen festlegen
2. Gemeinsame Ziele und Grundsätze der Arbeit festlegen (Praxispolitik/-kultur)
3. Protokollformular verwenden
4. Maßnahmenplan zur QM-Arbeit erstellen

- **Muster und Hilfsmittel ▶ CD:**
▶ VA Teambesprechungen
▶ 5_CL_01__Praxisleitbild
▶ 7b_FB_02__Protokoll Teamsitzung
▶ 5_FB_03__Maßnahmenplan

- **Nutzen für die Praxis:**
– Festgelegter Rahmen für gemeinsame Besprechungen
– Klare Kommunikationsstrukturen
– Möglichkeit zur Besprechung von offenen Fragestellungen und aufgetretenen Problemen außerhalb der Routine
– Einheitliches Qualitätsverständnis
– Motivation der Mitarbeiter/innen
– Ansporn für eine kontinuierliche Verbesserungsarbeit
– Gesicherte Nachweisführung, Gedächtnisstütze und Nachschlagemöglichkeit durch Protokollführung
– Erhöhte Verbindlichkeit schriftlicher Vereinbarungen/Absprachen
– Instrument zur systematischen Zielplanung und -überwachung gem. G-BA-Forderung
– Instrument zur Festlegung konkreter Maßnahmen
– Geregelte Zuständigkeiten

Schritt 3: Notfallmanagement systematisieren
- **QM-Ziel:**
– Sicherung und Verbesserung der Qualität der medizinischen und psychotherapeutischen Versorgung

- **QM-Grundelement:**
– Ausrichtung an fachlichen Standards und Leitlinien entsprechend dem jeweiligen Stand der Wissenschaft
– Patientensicherheit
– Strukturierung von Behandlungsabläufen
– Integration bestehender Qualitätssicherungsmaßnahmen in das interne Qualitätsmanagement

- **Angewendete QM-Instrumente:**
  - Notfallmanagement
  - Checklisten
  - Durchführungsanleitungen

- **Umsetzungsmaßnahmen:**
  1. Notfallkonzept erarbeiten
  2. Checklisten zur Notfallausstattung erstellen
  3. Handlungsanleitungen für spezifische Notfallsituationen erstellen (Herzstillstand, allergischer Schock, epileptischer Anfall etc.)
  4. Notfalltraining/Notfallunterweisung des Praxisteams (in Fortbildungsplan aufnehmen)

- **Muster und Hilfsmittel ▶ CD:**
  - ▶ 4d_01__Notfallkonzept
  - ▶ 4d_CL_01__Notfallausstattung
  - ▶ 4c_CL_02__Handlungsanleitungen für Notfallsituationen
  - ▶ 6_FB_01__Fortbildungsplan

- **Nutzen für die Praxis:**
  - Klare Regelungen zum medizinischen Notfallmanagement
  - Klare Zuständigkeiten und Verantwortung
  - Risikominimierung
  - Optimierung des internen Organisationsablaufs
  - Standardisierte und eindeutige Angaben zur Notfallausstattung
  - Mitarbeiterunabhängige, sachgerechte Überprüfung der Notfallausstattung
  - Sicherstellung der Verfügbarkeit benötigter Materialien

Schritt 4: Hygiene organisieren

- **QM-Ziele:**
  - Sicherung und Verbesserung der Qualität der medizinischen und psychotherapeutischen Versorgung
  - Erkennen von Risiken durch Identifikation und systematische Beschreibung aller relevanten Abläufe

- **QM-Grundelemente:**
  - Praxismanagement (Hygiene)
  - Ausrichtung an fachlichen Standards und Leitlinien entsprechend dem jeweiligen Stand der Wissenschaft
  - Patientensicherheit
  - Integration bestehender Qualitätssicherungsmaßnahmen in das interne Qualitätsmanagement

- **Angewendete QM-Instrumente:**
  - Durchführungsanleitungen
  - Checklisten

- **Umsetzungsmaßnahmen:**
  1. Die für die Praxis relevanten Hygienerichtlinien des RKI besorgen (www.rki.de)
  2. Verfahrensanweisung »Hygiene« bearbeiten
  3. Verfahrensanweisung »Instrumentenaufbereitung« bearbeiten
  4. Bearbeitung der weiteren für die Praxis relevanten Muster aus Kapitel 7c

- **Muster und Hilfsmittel ▶ CD:**
  - ▶ 7c_VA_01__Hygiene
  - ▶ 7c_VA_02__Instrumentenaufbereitung
  - ▶ Kapitel 7c

- **Nutzen für die Praxis:**
  - Erfüllung der Hygieneanforderungen
  - Patientensicherheit
  - Gesundheitsschutz des Personals
  - Forensische Absicherung
  - Risikominimierung
  - Standardisiertes Aufbereitungsverfahren
  - Sicherstellung der wirksamen Aufbereitung

- **Literaturhinweise / rechtliche Vorschriften:**
  - § 4 Medizinprodukte-Betreiberverordnung
  - Arbeitsschutzgesetz
  - Gefahrstoffverordnung (Beachte: Letzte Aktualisierung Dezember 2010)
  - Biostoffverordnung
  - BG-Regel / Technische Regel für biologische Arbeitsstoffe 250 (BGR / TRBA 250) – www.bgw-online.de
  - Infektionsschutzgesetz
  - RKI-Empfehlungen (www.rki.de):
    - Hygiene in Arzt- und Zahnarztpraxen
    - »Anforderungen an die Hygiene bei der Aufbereitung von Medizinprodukten«, Bundesgesundheitsblatt Heft 11, 2001, S. 1115–1126
    - »Anforderungen an die Hygiene bei der Aufbereitung flexibler Endoskope und endoskopi-

schen Zusatzinstrumentariums«, Bundesgesundheitsblatt Heft 4, 2002, S. 395–411
- »Anforderungen der Hygiene an die baulich-funktionelle Gestaltung und apparative Ausstattung von Endoskopieeinheiten«, Bundesgesundheitsblatt Heft 4, 2002, S. 412–414,
- Hygieneplan für Arztpraxen (Gesundheitsamt Frankfurt, www.gesundheitsamt.stadt-frankfurt.de/hygiene)

Schritt 5: Gerätemanagement strukturieren

QM-Ziele:
- Erkennen von Risiken durch Identifikation und systematische Beschreibung aller relevanten Abläufe

QM-Grundelemente:
- Praxismanagement
- Patientensicherheit
- Integration bestehender Qualitätssicherungsmaßnahmen in das interne Qualitätsmanagement
- Mitarbeiterorientierung (Arbeitsschutz)

Angewendete QM-Instrumente:
- Durchführungsanleitungen
- Checklisten

Umsetzungsmaßnahmen:
1. Verfahrensanweisung »Medizinprodukte« bearbeiten
2. Bestandsverzeichnis anlegen
3. Einweisungsnachweise auf Vollständigkeit prüfen (Gerätebuch), ggf. ergänzen
4. Prüfplan anlegen
5. Mini-Max-Thermometer für Kühlschrank und arbeitstägliche Temperaturerfassung
6. Anpassung der weiteren für die Praxis relevanten Muster

Muster und Hilfsmittel ▶ CD:
- ▶ 7d_VA_01__Medizinprodukte
- ▶ 7d_FB_01__Bestandsverzeichnis Geräte (§ 8 MPBetreibV)
- ▶ 7d_FB_03__Medizinproduktebuch
- ▶ 7d_FB_04__Geräteeinweisung (falls kein Medizinprodukte-/Gerätebuch angelegt)
- ▶ 7d_FB_02__Prüfplan
- ▶ 7d_CL_02__QM-Kontrolle Kühlschrank
- ▶ 7d_FB_06__QM-Kontrolle_Kühlschrank
- ▶ Kapitel 7d

Nutzen für die Praxis:
- Einhaltung gesetzlicher Vorgaben
- Gewährleistung der Patientensicherheit
- Risikominimierung
- Gesundheitsschutz des Personals
- Rechtssichere Nachweisführung
- Systematisches Erfassen und Überwachen der medizintechnischen Ausstattung
- Interne Qualitätssicherung
- Überblick über fällige Prüf- und Überwachungstätigkeiten und Einhaltung der vorgeschriebenen Prüf-/Kontrollintervalle
- Sicherstellung der Funktionsfähigkeit
- Optimierung der internen Ablauforganisation
- Sicherstellung der Qualität von Arzneimitteln (Impfstoffe, Substrate etc.) durch unterbrechungsfreie Kühlung der Arzneimittel

Literaturhinweise / rechtliche Vorschriften
- Medizinprodukte-Betreiberverordnung (MPBetreibV)

Schritt 6: Terminvergabe und Patientenannahme systematisieren

QM-Ziele:
- Systematische Patientenorientierung bei allen Aktivitäten
- Erhöhung der Arbeitszufriedenheit der Praxismitarbeiter/innen und der Praxisleitung

QM-Grundelemente:
- Praxismanagement (Terminplanung)
- Gestaltung der internen und externen Kommunikationsprozesse sowie Informationsmanagement
- Regelung von Verantwortlichkeiten

Angewendete QM-Instrumente:
- Prozess- und Ablaufbeschreibungen

Umsetzungsmaßnahmen:
1. Regelungen zur Terminvergabe eindeutig beschreiben
2. Regelungen zur Patientenannahme (Anmeldung) beschreiben

- **Muster und Hilfsmittel ▶ CD:**
  ▶ 7a_VA_01__Terminvergabe
  ▶ 7a_CL_01__Terminplanung
  ▶ 7a_VA_02__Patientenannahme
  ▶ 7a_CL_02__Vorbereitung Arztkontakt

- **Nutzen für die Praxis:**
  – Vollständiges Erfassen der Anforderungen an den speziellen Termin durch festgelegte Kriterien
  – Klare Entscheidungskriterien zur Festlegung von Terminen
  – Sicherstellung einer Behandlung gemäß der Dringlichkeit
  – Optimierung des internen Organisationsablaufs
  – Eindeutige Verhaltensregeln für die Mitarbeiterinnen an der Anmeldung
  – Sicherstellung einer optimalen Patientenversorgung
  – Optimierung des internen Organisationsablaufs
  – Ausschluss von Organisationsverschulden

Schritt 7: Fachliche Standards vereinbaren

- **QM-Ziele:**
  – Sicherung und Verbesserung der Qualität der medizinischen und psychotherapeutischen Versorgung
  – Erhöhung der Arbeitszufriedenheit der Praxismitarbeiter/innen und der Praxisleitung
  – Erkennen von Risiken durch Identifikation und systematische Beschreibung aller relevanten Abläufe
  – Qualitätsmanagement wird als Teamaufgabe verstanden, die von der Praxisleitung vorgegebene Ziele verfolgt und eingebettet ist in eine zielorientierte Praxispolitik/-kultur

- **QM-Grundelemente:**
  – Ausrichtung an fachlichen Standards und Leitlinien entsprechend dem jeweiligen Stand der Wissenschaft
  – Patientensicherheit
  – Regelung von Verantwortlichkeiten

- **Angewendete QM-Instrumente:**
  – Durchführungsanleitungen

- **Umsetzungsmaßnahmen:**
  1. Liste der relevanten Untersuchungs-/Behandlungsverfahren erstellen
  2. Prüfen, welche schriftlichen Hilfsmittel (Arbeitsanweisungen, Checklisten etc.) bereits in der Praxis vorhanden sind
  3. Durchführungsanleitungen für technische Untersuchungen/Therapieverfahren erstellen
  4. Qualitätsgesicherte Blutentnahme organisieren (soweit für die Praxis relevant)

- **Muster und Hilfsmittel ▶ CD:**
  ▶ Kapitel 4b

- **Nutzen für die Praxis:**
  – Eindeutige Regelung von Verantwortlichkeiten
  – Arbeitsabläufe werden personenunabhängig in gleichbleibender Qualität ausgeführt
  – Speicherung von Erfahrungswissen
  – Erleichterte Einarbeitung neuer Mitarbeiter
  – Hilfestellung für Auszubildende
  – Risikominimierung durch Standardisierung von Abläufen

Schritt 8: Patientenbefragung durchführen

- **QM-Ziele:**
  – Systematische Patientenorientierung bei allen Aktivitäten
  – Objektivierung und Messung von Ergebnissen der medizinischen und psychotherapeutischen Versorgung
  – Erkennen von Risiken

- **QM-Grundelemente:**
  – Patientenorientierung
  – Patientenmitwirkung

- **Angewendete QM-Instrumente:**
  – Patientenbefragung

- **Umsetzungsmaßnahmen:**
  1. Befragungsbogen erarbeiten / Muster anpassen
  2. Befragung vorbereiten (Zeitraum der Befragung festlegen, Bögen vervielfältigen, Information der Patienten, Briefkasten etc.)
  3. Befragung durchführen
  4. Daten erfassen und auswerten
  5. Maßnahmen aus den Ergebnissen ableiten

- **Muster und Hilfsmittel ▶ CD:**
- ▶ 4c_FB_01__Patientenbefragung
- ▶ 4c_FB_05__Patientenbefragung Serviceangebot

- **Nutzen für die Praxis:**
- Systematisches Erfassen der Patientenerwartungen
- Hinweise auf Unzufriedenheiten
- Frühzeitiges Erkennen qualitäts- und servicerelevanter Probleme
- Marketing-Aspekt
- Einbezug der Patienten in die kontinuierliche Verbesserungsarbeit
- Instrument im Rahmen eines systematischen Risikomanagements
- Basis zur Reflexion der eigenen Arbeit

Schritt 9: Aufbauorganisation der Praxis festlegen
- **QM-Ziele:**
- Sicherung und Verbesserung der Qualität der medizinischen und psychotherapeutischen Versorgung
- Erhöhung der Arbeitszufriedenheit der Praxismitarbeiter/innen und der Praxisleitung

- **QM-Grundelemente:**
- Praxisführung/Praxismanagement
- Regelung von Verantwortlichkeiten

- **Angewendete QM-Instrumente:**
- Organigramm

- **Umsetzungsmaßnahmen:**
1. Verantwortungsbereiche innerhalb des Praxisteams festlegen
2. Befugnisse festlegen
3. Organisationsstruktur beschreiben

- **Muster und Hilfsmittel ▶ CD:**
- ▶ 5_FB_04__Organisation der Praxis (Organigramm) oder
- ▶ 5_FB_04__Organisation der Praxis (Matrix)

Hinweis: Die beiden Formblätter Organisation (Organigramm) und Organisation (Matrix) können alternativ oder ergänzend verwendet werden, um die Aufbauorganisation darzustellen.

- **Nutzen für die Praxis:**
- Klar definierte Verantwortungsbereiche
- Optimierung der Koordination und Kommunikation
- Klare Regelung der Weisungsbefugnisse

Schritt 10: Materialwirtschaft systematisieren
- **QM-Ziele:**
- Einbindung des gesamten Praxisteams in das Qualitätsmanagement
- Erhöhung der Arbeitszufriedenheit der Praxismitarbeiter/innen und der Praxisleitung

- **QM-Grundelemente:**
- Praxismanagement (Materialwirtschaft)
- Gestaltung der internen und externen Kommunikationsprozesse sowie Informationsmanagement
- Regelung von Verantwortlichkeiten

- **Angewendete QM-Instrumente:**
- Prozess- und Ablaufbeschreibungen
- Checklisten

- **Umsetzungsmaßnahmen:**
- Zuständigkeiten und Abläufe zur Materialbeschaffung beschreiben (Bestandsüberprüfung, Bedarfsermittlung, Bestellung, Wareneingang, Einlagerung, Lieferantenbewertungen)
- Bestandslisten erarbeiten

- **Muster und Hilfsmittel ▶ CD:**
- ▶ 7a_VA_03__Bestellwesen
- ▶ 7a_CL_04__Bestell-Prüfliste

- **Nutzen für die Praxis:**
- Sicherstellung der Verfügbarkeit benötigter Materialien
- Optimierung der Warenwirtschaft
- Forensische Absicherung (Verantwortlichkeit für Dritte gem. § 278 BGB, Mithaftung bei Anwendung fehlerhafter Materialien)

Schritt 11: Behandlungsabläufe strukturieren
- **QM-Ziele:**
- Sicherung und Verbesserung der Qualität der medizinischen und psychotherapeutischen Versorgung
- Systematische Patientenorientierung bei allen Aktivitäten

- Erkennen von Risiken durch Identifikation und systematische Beschreibung aller relevanten Abläufe
- Strukturierte Kooperation an den Nahtstellen der Versorgung fördern
- Qualitätsmanagement wird als Teamaufgabe verstanden, die von der Praxisleitung vorgegebene Ziele verfolgt und eingebettet ist in eine zielorientierte Praxispolitik/-kultur
- Erhöhung der Arbeitszufriedenheit der Praxismitarbeiter/innen und der Praxisleitung

- **QM-Grundelemente:**
- Strukturierung von Behandlungsabläufen
- Gestaltung der internen und externen Kommunikationsprozesse sowie Informationsmanagement
- Regelung von Verantwortlichkeiten
- Kooperation und Management der Nahtstellen der Versorgung

- **Angewendete QM-Instrumente:**
- Prozess- und Ablaufbeschreibungen
- Checklisten
- Durchführungsanleitungen

- **Umsetzungsmaßnahmen:**
1. Liste der typischen Beschwerdebilder/Anfragen erstellen
2. Praxisabläufe bezogen auf diese Beschwerdebilder/Anfragen beschreiben
3. Zuständigkeiten festlegen und Schnittstellen regeln
4. Informations- und Dokumentationsanforderungen benennen
5. Medizinische Leitlinien und Standards einbinden (wie z. B. bei DMP)
6. Externe Schnittstellen regeln

- **Muster und Hilfsmittel ▶ CD:**
▶ 4a (Muster als Kopiervorlage für weitere Pfade verwenden)

- **Nutzen für die Praxis:**
- Optimierung von Praxisabläufen
- Klare und eindeutige Schnittstellenregelung
- Festgelegte Entscheidungskriterien
- Regelung von Zuständigkeiten
- Risikominimierung durch standardisierte Abläufe
- Patientensicherheit

Schritt 12: Mitarbeiterorientiertes Arbeitsumfeld entwickeln

- **QM-Ziele:**
- Erhöhung der Arbeitszufriedenheit
- Erkennen von Risiken
- Qualitätsmanagement wird als Teamaufgabe verstanden, die von der Praxisleitung vorgegebene Ziele verfolgt und eingebettet ist in eine zielorientierte Praxispolitik/-kultur

- **QM-Grundelemente:**
- Mitarbeiterorientierung (Arbeitsschutz, Fort- und Weiterbildung)
- Patientensicherheit
- Gestaltung der internen und externen Kommunikationsprozesse sowie Informationsmanagement

- **Angewendete QM-Instrumente:**
- Checklisten
- Durchführungsanleitungen
- Festlegung und Dokumentation von konkreten, praxisindividuellen Qualitätszielen
- Festlegung und Dokumentation konkreter Maßnahmen zur Zielerreichung
- Systematische und dokumentierte Überprüfung der Zielerreichung
- Nachvollziehbare Anpassung von Maßnahmen bei festgestellten Zielabweichungen
- Erkennen und Nutzen von Fehlern und Beinahefehlern zur Einleitung von Verbesserungsprozessen

- **Umsetzungsmaßnahmen:**
1. Gefährdungsbeurteilung durchführen (ggf. mit Hilfe externer Fachkräfte oder Checklisten aus dem Internet) oder/und mit Hilfe der Musterchecklisten
2. Verwendete Gefahrstoffe listen (Gefahrstoffverzeichnis erstellen)
3. Sicherheitsdatenblätter zu den Gefahrstoffen beim Lieferanten anfordern
4. Betriebsanweisung anfordern/erstellen
5. Betriebsanweisung zum Umgang mit biologischen Arbeitsstoffen erstellen
6. Verbandbuch einführen

7. Hautschutzplan erstellen
8. Verhalten im Brandfall festlegen (Meldeweg)
9. Fort- und Weiterbildungen planen (Jahresplan), zum Beispiel:
   - Gesundheitsschutzunterweisungen
   - Hygieneunterweisungen
   - Verhalten im Brandfall
   - Datenschutzunterweisung
   - Notfallmanagement/-training
   - Fachfort- und -weiterbildungen zur systematischen Personalentwicklung

- **Muster und Hilfsmittel ▶ CD:**
- ▶ 6_FB_05__Gefährdungsbeurteilung Biostoffe
- ▶ 6_FB_06__Gefährdungsanalyse und Schutzmaßnahmen zur Blutentnahme

Siehe auch Internet, Checklisten zur Gefährdungsbeurteilung
- ▶ 6_FB_03__Gefahrstoffverzeichnis
- ▶ 6_FB_04__Betriebsanweisung Gefahrstoffverordnung
- ▶ 6_CL_02__Praxistätigkeiten (biologische Arbeitsstoffe)
- ▶ 6_FB_02__Erste-Hilfe-Aufzeichnung (oder BGW-Verbandbuch)
- ▶ 6_CL_01__Handpflege und Schutzmaßnahmen
- ▶ 6_FB_01__Fortbildungsplan
- ▶ 6_FB_07__Mitarbeitergespräch (Vorbereitung Mitarbeiterin)
- ▶ 6_FB_08__Mitarbeitergespräch (Vorbereitung Praxisleitung)
- ▶ 6_FB_09__Protokoll Zielvereinbarung

- **Nutzen für die Praxis:**
- Systematisches Erfassen der in der Praxis verwendeten Gefahrstoffe
- Grundlage für die Beurteilung des Gefährdungspotenzials und die Substitutionsprüfung (mögliche Ersatzstoffe mit geringerem Gefährdungspotenzial)
- Gesundheitsschutz des Personals durch Minimierung des Gefährdungsrisikos
- Grundlage für regelmäßige Unterweisungen zum Gesundheitsschutz
- Sicherer Umgang mit Gefahrstoffen
- Gesundheitsschutz des Personals
- Reduzierung des Gefährdungsrisikos
- Nachweisführung zu körperlicher Schädigung bei versicherter Tätigkeit
- Rückverfolgbarkeit bei Spätfolgen
- Basis für die Umsetzung von Vermeidungsmaßnahmen
- Gesundheitsschutz des Personals
- Patientensicherheit/Minimierung des iatrogenen Kontaminationsrisikos
- Systematische Fort- und Weiterbildung:
  - Systematische Personalqualifizierung
  - Sicherstellung der regelmäßigen Unterweisungen
  - Nachweis regelmäßiger Fortbildung (in Verbindung mit den Schulungsnachweisen, z. B. Protokoll, Teilnehmerliste, externe Nachweise)

- **Literaturhinweise / rechtliche Vorschriften**
- Arbeitsschutzgesetz
- Unfallverhütungsvorschrift »Grundsätze der Prävention BGV A1«
- BG-Regeln BGR 206 Desinfektionsarbeiten im Gesundheitsdienst
- Technische Regel Gefahrstoffe (TRGS) 525 »Umgang mit Gefahrstoffen in Einrichtungen der humanmedizinischen Versorgung«
- BG-Regel / Technische Regel für biologische Arbeitsstoffe 250 (BGR / TRBA 250) – www.bgw-online.de
- BG-Regel BGR 108: Reinigungsarbeiten mit Infektionsgefahr in medizinischen Betrieben
- BG-Regel BGR 197: Benutzung von Hautschutz; Kommission für Krankenhaushygiene und Infektionsprävention am Robert-Koch-Institut »Händehygiene« (Bundesgesundheitsblatt Heft 3, 2000, S. 230–233)

Schritt 13: Verantwortlichkeiten regeln

- **QM-Ziele:**
- Qualität der Versorgung sichern und verbessern
- Erhöhung der Arbeitszufriedenheit der Praxismitarbeiter/innen und der Praxisleitung
- Qualitätsmanagement wird als Teamaufgabe verstanden, die von der Praxisleitung vorgegebene Ziele verfolgt und eingebettet ist in eine zielorientierte Praxispolitik/-kultur

- **QM-Grundelemente:**
- Regelung von Verantwortlichkeiten
- Gestaltung der internen Kommunikationsprozesse

- **Angewendete QM-Instrumente:**
  - Checklisten/Stellenbeschreibungen

- **Umsetzungsmaßnahmen:**
  - Stellenbeschreibungen erarbeiten
  - Arbeitsplatzbeschreibungen (für bestimmte Funktionsbereiche, z. B. Labor, Anmeldung) erstellen

- **Muster und Hilfsmittel ▶ CD:**
  - ▶ 5_CL_04__Muster-Stellenbeschreibung
  - ▶ 5_CL_03__Stellenbeschreibung Qualitätsbeauftragte
  - ▶ 7a_CL_03__Azubi
  - ▶ 7a_CL_04__Arbeitsplatzbeschreibung Labor
  - ▶ 7a_CL_05__Arbeitsplatzbeschreibung Endoskopie

Hinweis: Die in den Mustern vorgestellten Formulierungen sollen Anregungen geben! Jede Praxis und jede Arzthelferin brauchen individuelle, auf die persönlichen Eigenarten der Mitarbeiterinnen und die gezielte Stellenanforderung zugeschnittene und formulierte Stellenbeschreibungen, die in einem Qualitäts-/Praxishandbuch abgelegt werden.

Üblicherweise gehört die Stellenbeschreibung als Anlage zum schriftlichen Arbeitsvertrag und sollte von Arbeitgeber und Arbeitnehmer unterschrieben werden. Stellenbeschreibungen können auch als Grundlage für Zwischenzeugnisse und Zeugnisse herangezogen werden.

- **Nutzen für die Praxis:**
  - Klare Regelung von Zuständigkeiten und Befugnissen
  - Interne Ablaufoptimierung, vor allem in großen Praxen mit vielfältigen Aufgabenbereichen und hohem Koordinierungsbedarf
  - Gedankenstütze für Auszubildende
  - Sicherstellung der Aufgabenerfüllung
  - Optimierung des internen Organisationsablaufs

Schritt 14: Beschwerdemanagement und Fehlermanagement organisieren

- **QM-Ziele:**
  - Systematische Patientenorientierung bei allen Aktivitäten
  - Sicherung und Verbesserung der Qualität der medizinischen und psychotherapeutischen Versorgung
  - Erkennen von Risiken
  - Qualitätsmanagement wird als Teamaufgabe verstanden, die von der Praxisleitung vorgegebene Ziele verfolgt und eingebettet ist in eine zielorientierte Praxispolitik/-kultur

- **QM-Grundelemente:**
  - Patientenorientierung, Patientenmitwirkung, Patientensicherheit
  - Gestaltung der internen und externen Kommunikationsprozesse sowie Informationsmanagement
  - Integration bestehender Qualitätssicherungsmaßnahmen in das interne Qualitätsmanagement

- **Angewendete QM-Instrumente:**
  - Beschwerdemanagement
  - Erkennen und Nutzen von Fehlern und Beinahefehlern und Einleitung von Verbesserungsmaßnahmen
  - Prozess- und Ablaufbeschreibungen

- **Umsetzungsmaßnahmen:**
  1. Verfahren zum Umgang mit Beschwerden festlegen
  2. Verfahren zum Umgang mit Fehlern/Problemen festlegen

- **Muster und Hilfsmittel ▶ CD:**
  - ▶ 5_VA_02__Beschwerdemanagement
  - ▶ 5_FB_02__Beschwerdeerfassung
  - ▶ 5_VA_01__Fehlermanagement
  - ▶ 5_FB_01__Fehler-Problemmeldung

- **Nutzen für die Praxis:**
  - Erkennen von Konfliktpotenzialen
  - Chance zum rechtzeitigen Gegenlenken bei Beschwerdehäufungen
  - Instrument zur kontinuierlichen Verbesserung
  - Instrument im Rahmen eines systematischen Risikomanagements
  - Klare Regelungen für den Umgang mit Fehlern und fehlerhaften Produkten
  - Bestmögliche Fehlervorbeugung und Vermeidung von Wiederholungsfehlern
  - Risikominimierung
  - Grundlage für interne Schulungen und Unterweisungen
  - Einbezug des gesamten Praxisteams in die Verbesserungsarbeit

Schritt 15: Qualitätsindikatoren definieren

- **QM-Ziele:**
- Objektivierung und Messung von Ergebnissen der medizinischen und psychotherapeutischen Versorgung
- Einbeziehung aller an der Versorgung Beteiligten durch eine strukturierte Kooperation an den Nahstellen der Versorgung
- Mögliche Risiken in den Praxisabläufen aufzeigen und zu deren Verringerung beitragen

- **QM-Grundelemente:**
- Praxismanagement
- Integration bestehender Qualitätssicherungsmaßnahmen in das interne Qualitätsmanagement

- **Angewendete QM-Instrumente:**
- Qualitätsbezogene Dokumentation, insbesondere Dokumentation der Qualitätsziele und der ergriffenen Umsetzungsmaßnahmen sowie Dokumentation der systematischen Zielüberprüfung (z. B. anhand von Indikatoren) und der erforderlichen Maßnahmen
- Erkennen und Nutzen von Fehlern und Beinahefehlern zur Einleitung von Verbesserungsprozessen

- **Umsetzungsmaßnahmen:**
1. Maßnahmenplan (Grundlage: Selbstbewertung) auf Umsetzung überprüfen, ggf. Anpassungen vornehmen
2. Praxisindividuelle Qualitätsindikatoren/Kennzahlen definieren (z. B. auch im Rahmen der ärztlichen Qualitätszirkelarbeit, DMP etc.)

- **Muster und Hilfsmittel ▶ CD:**
▶ 5_FB_04__Maßnahmenplan

Beispiele für Qualitätsindikatoren sind:
- Wartezeiten
- Kosten verfallener Arzneimittel/Impfstoffe
- Impfraten
- Anzahl Überweisungen pro Fachrichtung
- Spezifische Diagnosefenster
- DMP-Einschreibungsquote
- Medizinische Daten aus den DMP
- Daten der externen Qualitätssicherung
- Befragungsergebnisse (Patienten, Mitarbeiter, Zuweiser etc.)

- **Nutzen für die Praxis:**
- Instrument zur systematischen Zielplanung und -überwachung gem. G-BA-Forderung
- Basis zur Ableitung von Verbesserungsmaßnahmen

Schritt 16: Dokumentationsanforderungen beschreiben/festlegen

- **QM-Ziele:**
- Erkennen von Risiken
- Sicherung und Verbesserung der Qualität der medizinischen und psychotherapeutischen Versorgung

- **QM-Grundelemente:**
- Gestaltung der internen und externen Kommunikationsprozesse sowie des Informationsmanagements
- Praxismanagement

- **Angewendete QM-Instrumente:**
- Dokumentation der Behandlungsverläufe und der Beratung
- Qualitätsbezogene Dokumentation

- **Umsetzungsmaßnahmen:**
1. Anforderungen an die Dokumentation festlegen (einschl. Datensicherung)
2. Anforderungen an den Datenschutz festlegen
3. Aufbewahrungsfristen festlegen
4. Regelungen zur QM-Dokumentation festlegen

- **Muster und Hilfsmittel ▶ CD:**
▶ 7b_VA_01__Dokumentation
▶ 7b_CL_01__Datenschutz
▶ 7b_FB_01__Verschwiegenheitserklärung
▶ 7b_CL_02__Aufbewahrungsmatrix Dokumentationen
▶ 7b_VA_02__Lenkung von QM-Dokumenten (VA, AA, CL, FB etc.)

- **Nutzen für die Praxis:**
- Risikominimierung
- Forensische Absicherung / gerichtsfeste Dokumentation
- Wiederauffindbarkeit von Dokumentationen
- Gesicherte Nachweisführung
- Gesicherte Aktualität, Richtigkeit und Verfügbarkeit verwendeter schriftlicher Regelungen, Formulare, Checklisten etc. (= QM-Dokumente)

Schritt 17: Weitere Maßnahmen planen im Sinne des Kontinuierlichen Verbesserungsprozesses, z. B.

- verbleibende Muster im Arbeitshandbuch auf Eignung prüfen
- Erarbeitung spezifischer Informationsmaterialien für Patienten zum Beispiel zur Praxis, zu spezifischen Leistungsangeboten, Therapiemaßnahmen oder/und Präventionsangeboten, spezifische Materialien für fremdsprachige Patienten oder Kinder (Grundelemente: Patienteninformation, Patientenmitwirkung)
- Weitere praxisindividuelle Behandlungspfade erarbeiten (hier kann z. B. die VA Hausbesuch als Grundlage/Muster verwendet werden):
    - ....
    - ....
    - ....

Start ins Qualitätsmanagement

6.1 Erfahrungsbericht – 88

6.2 Erfolgsfaktoren der praxisinternen QM-Arbeit – 89

6.3 Hinweise – 90

Schon am 2. August 2000 wurde in der Ärzte Zeitung der nachfolgende Erfahrungsbericht eines Saarbrücker Frauenarztes veröffentlicht. Lange vor Inkrafttreten der QM-Richtlinie hat er Qualitätsmanagement als Organisationsinstrument entdeckt und für seine Praxis zunutze gemacht. Wir wünschen auch Ihnen viel Spaß bei der QM-Arbeit und hoffen, dass Sie ähnlich positive Erfahrungen damit machen.

6.1 Erfahrungsbericht

» Wir können jeden Schritt genau zurückverfolgen «

Sein Ansporn sind Kinder. Der Gynäkologe Michael Thaele, der zusammen mit zwei Partnern in der Saarbrücker Innenstadt eine Gemeinschaftspraxis betreibt, setzt dabei auf Qualitätsmanagement. »In der Reproduktionsmedizin ist genaues Arbeiten besonders wichtig«, erklärt Thaele: »Bei Abweichungen müssen wir jeden Schritt genau zurückverfolgen können.«

Ziel des Qualitätsmanagements ist, den Aufbau und die Abläufe der Praxis mit Hilfe aller Mitarbeiter bestmöglich zu gestalten. Jede Tätigkeit wird nach einem festgelegten Standard durchgeführt und dokumentiert.

Genau am 24. Juli 1998 wurde die Praxis Happel-Thaele-Happel von der Nürnberger LGA Interzert zertifiziert. Das Team gewann damit einen selbstgesteckten Wettlauf gegen die Zeit. Erst ein halbes Jahr vorher hatten die 24 Mitarbeiter mit den Vorbereitungen begonnen. »Wir haben oft bis in die späten Abend hinein gearbeitet«, erinnert sich Thaele. Das Praxisteam hatte sich in den Kopf gesetzt, bis zum 25. Juli, dem 20. Geburtstag des ersten Retortenbabys Louise Brown, seine Urkunde zu haben.

Die Idee, ein Qualitätsmanagement für die gesamte Praxis aufzubauen, war Thaele gekommen, als er ein Handbuch für das reproduktionsmedizinische Labor zusammen mit Prof. Gerard Zeilmaker von der Universität Rotterdam erarbeitete, einem Pionier der In-Vitro-Fertilisation: »Wir dachten, wir bräuchten für die Praxis Strukturen, auf deren Basis Verbesserungen angebracht werden können.«

Gemeinsam mit den Partnern wurde eine allgemeine Marschrichtung vorgegeben. Als Ziele setzten sich die drei eine höhere Patienten- und Teamzufriedenheit, eine Wartezeitverkürzung sowie eine bessere Ablauf- und Ergebnisqualität. »Für uns war es spannend festzustellen, was für uns Qualität überhaupt bedeutet«, sagt Thaele.

Unter die Lupe genommen wurden die Bereiche Anmeldung, OP und Labor: »Wenn wir die Sprechstunde mit einbezogen hätten, hätte das unseren Zeitrahmen gesprengt.« Im nächsten Schritt wurde ein Projektteam benannt, das die Maßnahmen bis heute überwacht und koordiniert. Zusätzlich zu Thaele fanden sich einer der beiden Laborleiter, Martin Greuner, sowie die angestellte Ärztin Annette Meintz, die sich heute 40 Stunden im Monat als Beauftragte um das Qualitätsmanagement kümmert.

Im Vortragsraum der Praxis wurden die Mitarbeiter »mit ein wenig Überzeugungsarbeit« auf die Neuerungen eingestimmt. Auch die Bestandsaufnahme, wie zu diesem Zeitpunkt der Aufbau und Ablauf in der Anmeldung, im OP und Labor organisiert waren, sei nicht einfach und recht zeitaufwändig gewesen. Man müsse sich ständig die Frage stellen »Wie machen wir das bisher?«, meint Thaele.

Für alle Tätigkeiten müssen die Abläufe detailliert, beispielsweise in Flussdiagrammen und Textbeschreibungen, aufgestellt werden. So wurden unter anderem die Patientenannahme, der Embryonentransfer oder die Abläufe im Labor wie die Überprüfung der Geräte untersucht: »Bis zu diesem Zeitpunkt hatten wir uns keine Gedanken darüber gemacht, was bei uns alles organisatorisch passiert, wenn eine Patientin zur Anmeldung kommt.«

Zusätzlich wurden die Patienten befragt, wie zufrieden sie mit den Dienstleistungen der Praxis sind und an welchen Punkten sie Verbesserungspotenzial sehen. »Durch die Einführung eines Qualitätsmanagement-Systems wollten wir nicht nur eine reibungslose Organisation, sondern auch wirtschaftlich effizienter werden«, sagt Thaele. Deshalb mussten sich die Lieferanten für den Praxis- und Sprechstundenbedarf, die EDV-Hard- und -Software oder die Handwerker einer Prüfung unterziehen.

Die Ergebnisse der Auswertung wurden als Standard in Handbüchern festgehalten. In einem der Bücher werden die Verantwortungsbereiche und Weisungsbefugnisse aller Mitarbeiter dokumentiert. »Jeder weiß genau, was er zu tun hat«, so Thaele. Neue Mitarbeiter könnten schneller eingearbeitet werden, weil klar sei, wie die Abläufe aussähen. Die Inkubatoren müssten beispielsweise geeicht werden. Damit auch die Prüfmittel für die Eichung wie Thermometer funktionierten, lägen im Labor Pläne aus, die die verantwortlichen Mitarbeiter ausfüllen müssten.

Weitere sichtbare Zeichen des Qualitätsmanagements sind unter anderem die Namensschilder der Mitarbeiter, Hinweisschilder in der Praxis, die die Patienten zu den Räumen leiten, die Beschriftung der Schränke oder vereinheitlichte Formulare. Um eine kurze Anlaufzeit zu haben, werden die Patientenakten einen Tag vorher vorbereitet, so dass die Patienten nur eine geringere Wartezeit haben. »Bei uns soll niemand eine Stunde warten«, sagt Thaele.

Zudem herrsche eine bessere Stimmung im Praxisteam, weil die Abläufe reibungsloser funktionierten und mehr Zeit für die Patienten da sei. Damit das Qualitätsmanagement-System funktioniert, wird es regelmäßig in internen Audits überwacht. So gibt es jeden Freitag eine Besprechung, bei der alle Mitarbeiter Verbesserungsvorschläge vorbringen können. Als Soll-Vorgabe dienen dabei die in den Handbüchern festgelegten Standards.

Dienstags besprechen sich die Mitarbeiter des Labors, vier MTA und zwei Biologen als Laborleiter, untereinander und donnerstags mit den Ärzten. Etwa vor zwei Jahren zertifizierte die LGA Interzert die Praxis zum ersten Mal. An einem Tag ließen sich die Prüfer alle notwendigen Unterlagen vorlegen und überzeugten sich bei einer Praxis-Begehung stichprobenartig von den Angaben. Da die Prüfer der ärztlichen Schweigepflicht unterliegen, können sie auch in Patientenakten einsehen.

Diese Prozedur wiederholt sich jedes Jahr, damit die Zertifizierung bestehen bleibt. »Wir wollen nach außen dokumentieren, dass wir ein standardisiertes Qualitätsmanagement haben«, erklärt Thaele: »Wir sind nicht perfekt, aber auf dem Weg zu ständigen Verbesserungen, weil wir nicht mehr so oft aus dem Bauch heraus entscheiden.«

Diese Dokumentationsfunktion nach außen könnte in Zukunft für Ärzte besonders wichtig werden, glaubt der Gynäkologe. »Bei Versorgungsverträgen werden die Krankenkassen lieber mit zertifizierten Praxen zusammenarbeiten«, ist sich Thaele sicher: »Der Nachweis eines Qualitätsmanagement-Systems macht die Leistungsfähigkeit einer Praxis transparent.«

Ohne eine gute Organisation könnten Ärzte auch keine gute Medizin anbieten. Durch die Struktur, das ein Qualitätsmanagement schaffe, komme die richtige Übersicht. Die Zertifizierung sei dabei nur der Führerschein.

6.2 Erfolgsfaktoren der praxisinternen QM-Arbeit

1. Die Praxisleitung muss Vorbild und Motor des Qualitätsmanagements sein. Hierzu gehört eine klare Zielvorstellung, damit die Mitarbeiter engagiert und motiviert mitmachen. Auch Geduld und ein realistischer Zeitrahmen zur Umsetzung von QM sind notwendig.
2. Für die Implementierung des QM ist das systematische Vorgehen von Bedeutung, vor allem das Festlegen von Zielen, die Planung konkreter Maßnahmen zur Zielerreichung und ihre Überprüfung. Legen Sie hierzu in den Praxisbesprechungen einen Maßnahmenplan an (ein Muster hierfür finden Sie auf der beigefügten CD).
3. Die Planung ist die wichtigste Phase im QM-Prozess. Besser ist, sich hierfür genügend Zeit zu nehmen als nachher mit der Korrektur von Fehlern Zeit zu verlieren. Die sechs W-Fragen zur Planung lauten:
    – **Was?**
      Was wird vom Praxisteam erwartet (z. B. Motivation, Patientenorientierung)? Was soll erreicht werden (Qualitätsziel)?
    – **Wer?**
      Wer ist zuständig? Wer trägt die Verantwortung (QM-Beauftragter)?
    – **Wie?**
      Wie gehen wir vor? Wie koordinieren wir die Maßnahmen (Organisations- und Zeitplan)?
    – **Wie viel?**
      Wie viel soll erreicht werden (z. B. Verringerung von Beschwerden, Steigerung von Patientenzahlen, weniger Reparaturkosten, Verringerung von Wartezeiten, Verbesserung der Erreichbarkeit)?
    – **Womit?**
      Anzahl der Mitarbeiterstunden? Hilfe von außen? Notwendige Sach- und Finanzmittel? Schulung/Fortbildung?
    – **Wann?**
      Wann ist was zu erledigen? Wann muss welche Aufgabe fertig sein (Festlegung von Kontroll-

terminen)? In welchen Etappen kommen wir zum Ziel (ggf. Teilziele definieren)?
4. Bevor Sie mit der Arbeit beginnen, fragen Sie sich bitte:
   – Sind unsere Regeln, nach denen wir arbeiten, eindeutig (z. B. Arbeitsanweisungen)?
   – Sind unsere Arbeitsabläufe sinnvoll und effizient? Sind sie nachvollziehbar beschrieben?
   – Weiß jeder in der Praxis, was er wissen sollte und wofür er verantwortlich/zuständig ist?
5. Ist-Analyse, Sicht der vorhandenen Regelungen, Formblätter etc.
6. Häufige Fehler:
   – Praxisleitung steht nicht oder nur halbherzig hinter den QM-Aktivitäten
   – Zu umfangreiche Dokumentation
   – QM-Beauftragte hat zu wenig Zeit und nicht die notwendigen Kompetenzen
   – Die Strategie ist unklar und die Ziele sind undeutlich formuliert

6.3 Hinweise

Nach der QM-Richtlinie gibt es keine Verpflichtung für ein bestimmtes QM-Modell. Es reicht also als Minimalanforderung, die Elemente und Instrumente der Richtlinie umzusetzen. Im Rahmen der Forderungen bestimmter Verträge, aus persönlich-strategischen Erwägungen heraus und aus Marketinggesichtspunkten kann die Entscheidung für ein bestimmtes QM-Modell sinnvoll und notwendig sein.

QM lebt vom Mitmachen des gesamten Praxisteams!
Das eigene Konzept ist das beste!
Ein QM-System ist ein lernendes System!
Und:

> » Es gibt nichts Beständigeres als den Wandel. «

Im Sinne der kontinuierlichen Verbesserung sind wir dankbar für ergänzende Anmerkungen und kritische Kommentare.

Dr. Heike Johannes, info@qm-heikejohannes.de
Theresia Wölker, info@theresia-woelker.de

Stichwortverzeichnis

A

AQUA-Institut 19
AQUIK-Indikatorenset 19
Arbeitsanweisungen 28, 80
Arbeitsplatzbeschreibung 84
Arbeitsplatzbeschreibungen 28
Arbeitsschutz 28, 62
Arbeitsschutzgesetz 36
Arbeitssicherheitsgesetz 36
Arbeitsstättenverordnung 36
Audit 29
Aufbereitung 29
aushangpflichtige Bestimmungen 30

B

Befragung 47
– Mitarbeiter 49, 64
– Patienten 48, 80
Behandlungspfade 31, 61, 75, 82
Beratungsrezept 61
Beschwerdemanagement 31, 75, 84
Best-Practice 18
Blutentnahmen 31
Brainstorming 46
Bundesdatenschutzgesetz 36

C

Checkliste 21, 31, 51
– Selbstbewertung 9
Continous Improvement Process (CIP) 37

D

Datenschutz 66, 75
Datensicherheit 32
Deming-Zyklus 16, 41
DIN EN ISO 9001 23

E

Ergebnisqualität 6, 32
Erlebnisqualität 5
Europäisches Praxisassessment (EPA) 24
Evidence based medicine (EbM) 33

F

Fehlerkultur 15, 34, 59, 84
Fluchtplan 67, 75
Fördergespräche 63
Fort- und Weiterbildung 62

G

G-BA-Richtlinie
– Qualitätsmanagement 12, 14, 18, 20
– Qualitätssicherung 12, 18
– Umsetzungsphasen 22
Gefahrstoffverordnung 36
Gemeinsamer Bundesausschuss (G-BA) 12
Geräte 79
Gerätesicherheit 34

H

Haftpflichtprophylaxe 12, 14, 34
Hygiene 35, 58, 66, 75, 78

I

Infektionsschutzgesetz 36
Instrumente
– Qualitätsmanangement 21
interne Regelung 36

J

Jugendschutzgesetz 36

K

Kaizen 37, 64
Kommunikation
– extern 67, 79
– intern 67, 77
kontinuierlicher Verbesserungsprozess (KVP) 37
Kooperation für Transparenz und Qualität im Gesundheitswesen (KTQ®) 24
KTQ® 24

L

Laufzettel 38
Leitbild 17, 38
Leitlinien, medizinische 58

M

Marketingeffekt 14
Materialwirtschaft 38, 67, 81
Medizinische Leitlinien 39
Medizinprodukt 39, 40
Medizinprodukte 58
Medizinprodukte-Betreiberverordnung 36, 40
Medizinprodukte-Sicherheitsplan-verordnung 36
Mitarbeiterorientierung 62, 75, 82
Modell
– Qualitätsmanagement 12, 14
Mutterschutzgesetz 36

Stichwortverzeichnis

N

Notfallmanagement 40, 59, 77

O

Organigramm 21, 41, 81

P

Patientenorientierung 58, 75, 84
– Praxis-Knigge 58
Patientensicherheit 59, 75
PDCA-Zyklus 16, 41, 72
Personaleinsatzplan 62
Produkthaftungsgesetz 14
Prozessqualität 6, 42

Q

QEP® 25
QM-Beauftragte 22
QM-Modell 42
Qualität
– Begriffsdefinition 2
– Dimensionen 8
Qualitätsbegriff 5
Qualitätsindikatoren 9, 18, 85
Qualitätsmanagement
– Grundelemente 21
– Werkzeuge 50
– Ziele 21
Qualitätsmanagement-System 13
Qualitätsmaßstab 17
Qualitätsmessung 8
Qualitätssicherung
– niedergelassener Arzt 12
– Richtlinien 58
– Vertragsärzte 14
Qualitätsziel 9
Qualitätsziele 42, 64

Qualität und Entwicklung in Praxen (QEP®) 25

R

Recall 43
Risikomanagement 14, 44
Röntgenverordnung 36

S

Selbstbewertung 18, 22, 24
– erneute 22
– jährliche 23
– Vorbereitung 68
SGB V 36
SGB VII 36
Stellenbeschreibung 84
Stellenbeschreibungen 44
Strukturqualität 6, 45

T

Teambesprechung 45, 77
Terminplanung 65, 75, 79
Transfusionsgesetz 36

V

Verfahrensanweisung 49
Vorschlagswesen, betriebliches 64

Z

Zertifizierung 14, 25, 50

Printing and Binding: Stürtz GmbH, Würzburg